陳舞雩————著

聰明
做自己

由憤青、國際說客到至聖先師。
孔仲尼的逆風人生旅程

目錄
Contents

第一章

孔子：理想三旬

（一）

老人駕著馬車駛來，駛過暮色蒼白，一顛一顛，離開了自己的祖國。

落魄的身影，滄桑的眼眸，淩亂的頭髮，緩慢的步伐。

可偏偏卻有著老驥伏櫪、志在千里的精氣神。

很奇怪，怎麼毫無違和感？

前途未卜，長路漫漫，沒人知道這條路的盡頭是盛大還是荒蕪。

又或者，根本就沒有盡頭……

可老人還是義無反顧地上了路，留給了歷史一個漸行漸遠的背影……

……

他並不是一個人。

在他的身後，有一群年輕人，他們神態各異，有的正襟危坐、有的哈欠連天、有的神采飛揚、有的患得患失……卻無一例外地選擇追隨他，那是老人的學生們。

這一幕，逐漸泛黃，就此定格，記錄了一個時代的剪影，伴隨著那破舊的羊皮紙卷，成為每個中國人最久遠的記憶。

老人的名字叫孔丘，我們叫他孔子。

那年，他五十五歲。

此刻的他，人概不清楚，在差不多相同的時間，西邊有一個叫釋迦牟尼的僧侶，為了實現自己的佛之國度而放棄了王位，帶著袈裟禪杖苦行世間。

而在更遙遠的西方，有一個叫柏拉圖的哲人，為了心目中的烏托邦，也開始了自己漫長的遊學生涯。

韓寒（中國知名作家）說：「你連世界都沒觀過，哪來的世界觀？」

孔子、釋迦牟尼、柏拉圖卻可以挺直腰桿地說：「我觀過。」

這三個在紅塵中踽踽獨行的旅者，在他們各自的旅途中，看到了不一樣的風景。

而後來，我們也知道了。

這三個為了理想把人生都押上，也不怕賠本的傻瓜，終究創造了三個不一樣的世界。

（二）

那是個「禮崩樂壞」的春秋時代，「鬱鬱乎文哉」的西周時代已經成為了過去，列國的諸侯們你方唱罷我登場、你敢稱霸我稱王，到處都是亂臣賊子，各地都是兵荒馬亂。

殘酷的現實肆無忌憚地喧囂，未來躲進了厚實的烏雲裡。

前路漫漫，人們失去了方向，也看不見希望。

大家渴望著聖人出世，穿破雲霄，為這片大地帶來久違的光明。

他降生了。

他當然不叫孔子，他的原名叫孔丘，字仲尼，後世還給他取了個綽號，叫孔老二。

他是個私生子，從懂事起，就沒見過父親。

曲阜的貧民窟裡，他與母親，相依為命。

孤兒寡母要吃飯，為了養孔丘，母親每天早起摸黑出去打工，等孔丘漸漸懂事，也開始出去幹一些零活，賺點零錢補貼家用。

當時，一旦別人家裡有人去世，要舉辦葬禮，小小的他就用腦袋頂個禮器，跑去當助祭，能掙不少錢。

在日復一日的助祭活動中，小孔丘的內心裡，彷彿有一塊沉睡的地方逐漸甦醒了。

孩提時代的他，不去玩鞭韃、不去捏泥巴，而是喜歡獨自一個人在案子上擺弄著俎豆，搗鼓著禮儀。

有孩子發現了，就大聲嚷嚷：「哎喲，快來瞧瞧，這個傢伙居然在擺禮器！這是貴族們才能做的事，他還真把自己當大人物啦？」

他們都在哄笑，笑得上氣不接下氣，甚至笑出了眼淚。

住在貧民窟的孩子，研究什麼禮儀？窮人就該有窮人的樣子，賤命還想過貴族的生活？

孔丘氣得滿臉漲紅，掄起拳頭打他們，可對方人多，他雖然個子大，但雙拳難敵四手，被人家揍得鼻青臉腫。

晚上他趴在床上，一邊摸著青一塊紫一塊的傷口，一邊嘶嘶的倒抽著涼氣，他不是很明白，為什麼那些孩子要笑自己。

難道因為自己生來貧賤就要認命嗎？

不，他不認。

……

八歲那年，孔丘進入了貴族學校。

原先笑他的孩子們個個目瞪口呆，露出不敢置信的神情。

原來，孔丘的身分是貴族。

他的父親，就是一個貴族，只是在他三歲那年就已經過世，不久，地位低賤的母親被正室夫人趕出了家門。

可孔丘依舊繼承了父親貴族的身分。

所以，他是個生活在貧民窟裡的貴族，可以進入貴族的學校讀書。

可是，貴族的孩子們出入有車接送，他卻要起個大早背個小包徒步上學。

貴族的孩子僕從如雲、茶來伸手飯來張口，他卻要辛苦工作，臉上身上都髒兮兮。

貴族的孩子吃的是山珍海味、玉盤珍饈，他卻只能眼巴巴看著人家大吃大喝，然後從破舊的口袋裡，掏出硬邦邦的餅磨礪牙口……

衣衫襤褸的他，杵在一群光鮮亮麗的貴族裡，畏畏縮縮、侷促不安，手都不知道怎麼放，與周圍的環境格格不入。

貴族家的孩子們厭惡地瞧著孔丘。蓬頭垢面、土裡土氣，這樣的人怎麼能和我們一起上學？

回到家裡，貧民窟裡的孩子們雖不敢再像以前那樣欺負他，甚至會對他露出諂笑，可那些笑容裡，明顯能感到一種無形的疏離。

平民們仰望他、敬畏他，而真正的貴族卻又瞧不起他。

他成了一個矛盾的存在，因為他似乎既不是貴族，也不是平民。

亦或者⋯⋯

他既是貴族，又是平民。

所以，他是獨一無二的。

這一切，孔丘都懵懵懂懂，他曾經不明白，隔壁的老王不學習，對門的翠花也不學習，為什麼我要學習？

直到十五歲那年，他終於搞懂了。

別人家的孩子是平民，不是不學習，而是學了也沒什麼用；自己雖然在貧民窟裡長大，可身分卻是貴族，學習還真的有用！

這個小夥子覺醒了。

原來生活不只眼前的苟且，還有詩和遠方。

聖人？他可沒想過當那玩意兒，他只想出人頭地，讓別人不再瞧不起自己。

掉了毛的鳳凰也依舊是鳳凰，住在貧民窟裡的貴族也依舊是貴族，還接了點地氣。

十七歲的時候，把他含辛茹苦養大的母親，沒能等到他出人頭地的那天，永遠閉上了疲倦的眼睛。

他成了孤零零的一個人，形單影隻，手足無措。

這個陌生的世界，等著他去探索。

沒人會相信，此刻這個舉目無親、怯生生的少年，在將來，整個中國都籠罩在他的思想之下，無數的君王、貴族、士人、

百姓都會跪倒在他的畫像前，對他頂禮膜拜……

但至少在當時，他還不知道自己已經成了被選中的孩子。

畢竟他連報名費都沒交。

（三）

孔丘母親死後，他把母親的棺材停在了五父之衢。

他向人打聽，自己的貴族父親埋在哪兒。

母親是平民，與身為貴族的父親之間有著不可逾越的鴻溝，父親死後，母親為正室夫人所不容，被趕回了老家闕里。

母親生前，一直不肯對孔丘多說父親的事。

但孔丘從母親年復一年的守望中，他看出了：母親希望與父親在一起。

孔丘想為母親完成這個願望，他要讓父母團聚，哪怕是在黃泉路上。

他從一個好心的老奶奶口中，得知了父親墳墓的所在地。

他打算合葬父母。

可是《周禮》規定，她母親是賤民，沒有名分，根本沒資格和身為貴族的父親埋在一起。

不過，孔丘終究找到了方法。

他先大張旗鼓，把母親的棺木淺葬在亂葬崗，做出一副已經把母親下葬的架勢，用來掩人耳目。

等到鄰里街坊都以為這件事過去了後，在一個月黑風高的夜晚，十七歲的孔丘，偷偷跑到了伸手不見五指的亂葬崗，把他

母親的棺木給刨了出來，抬上架子車，火速飛奔拉到了孔家祖墳，在父親的墓旁挖了一個洞，將母親安葬下去。

整套計畫，行雲流水，神不知鬼不覺，表現了一個十七歲少年膽大心細、又厚臉皮的優秀特質。

這就是孔丘。

無論後世的人如何為他精心打扮，為他披上一層連他自己都感到臉紅的新裝，讓他看起來仿佛天生就是超凡脫俗、不食人間煙火的模樣。

可少年時的他，就是這麼不按牌理出牌的人。

……

孔子是個出了名的吃貨。

他在吃這上面，十分講究，我們來看看他吃東西的標準：

食物過期了，不吃。（可以理解）

食物顏色、味道不對，不吃。（這種情況不是有毒就是壞了，可以理解）

烹調的火候不對，不吃。（勉強可以接受）

季節不對的，不吃。（這個可就難搞了）

肉切得不好看，不吃。（你這麼挑食真的好嗎？）

作料放得不恰當，不吃。（美食家的節奏？）

吃肉的量不要超過吃米麵的量，酒可以隨便喝，但別喝醉。（少吃肉，多喝酒？）

從市面上買來的肉乾和酒，不吃。（您家裡有珍藏品？）

每餐必須得有薑，但也不多吃。（愛好還是很獨特的）

綜上所述，孔子是一個另類的美食家，而且極其挑食，不過，至少在年輕的時候，家庭條件也不允許他這麼奢侈。

但依舊無法改變他靈魂深處的吃貨基因啊。

所以，當魯國的執政季孫氏要宴請曲阜城內的士人時，他一聽到消息，嘴裡就口水直流。

他迫不及待就跑去蹭吃蹭喝。

可他忘了一件很重要的事：他還在守孝期。

根據《周禮》規定，父親死後，守喪三年，母親死後，守喪一年，居喪期間，披麻戴孝，杜絕一切娛樂活動。

一身喪服的他，格外顯眼。

孔丘被季孫氏的家臣陽貨給攔在了門口。

陽貨看他的目光很輕蔑，語氣也很不屑：「我們家主人宴請的是士，可不是請你！」

四周傳來貴族們的一陣哄笑，看看，這個麻布粗衣的小子，連《周禮》都不懂，居然還想和我們一起赴宴，簡直異想天開。

孔丘鼻子一酸，卻只能低下頭，一邊尷尬地笑，一邊掩著面趕緊走開。

他發現，原來自己就算擁有貴族的血統，他們還是看不起自己。

沒有貴族認同他，平民也與他有著一層看不見的隔閡，他似乎跟這個世界都格格不入，他心頭委屈，卻不知道找誰訴說。

他在街道上走得越來越快，穿越人海，漸漸變成了奔跑，豆大的淚珠不爭氣地啪啪往下掉，放聲哭了出來。

其實，他還是個孩子。

回頭看向那群飲酒作樂、醉生夢死的貴族們，他們嘲弄的笑容清晰浮現在他的腦海中。

年少的他深吸了一口氣，對著天空發誓：

今天你們對我愛理不理，明天我要你們高攀不起！

所以，現在還是把喪期給守完吧。

（四）

當時光繞過幾場花開，他也成長為一個雄姿英發的男子漢。

在宋國，他戴上章甫之冠，穿著殷商的服飾，迎來了自己的成人禮，同時，娶了一位與他同姓的女孩子為妻。

《周禮》曰：同姓不婚。

子曰：懶得理你。

在同姓戀愛比同性戀愛還要尷尬的年代，他卻不管不顧、毅然決然牽起了那個女子的手，毫不忌諱世俗的眼光。

二十歲那年，他們夫妻二人有了愛情的結晶。

他作為魯國的士，依照慣例，國君賜給了他一條鯉魚作為賀禮，他感激涕零，為兒子取名：孔鯉，字伯魚。

有了孩子的他，漸漸收了心，為當時的權貴季孫氏看倉庫、餵牲口，從貧窮翻身，安安穩穩衣食無憂。

總以為他會本本份份混完這一生，在歷史上不留下任何痕跡，沒有人知道他曾經存在過。

就這樣慢慢老去，把碌碌無為看成平淡是真，明明蹉跎了歲月，卻還自我安慰說這是成熟、是覺悟，是看透人生。

反正就是不承認自己已經捨棄了自我，變成了一條沒有理想的鹹魚，忘記了年少時也曾經仰望過那片萬里之上的浩瀚星空，而如今只知道混吃等死，甘願淪為芸芸眾生。

他沒有，就在他拿起那本自己曾經厭惡的《周禮》時。

他看到了一個美好的世界，那裡有寬厚仁慈的君王，有賢明知禮的諸侯，有奉公守法的貴族，有安分守己的農民，那裡的所有人都崇尚道德、遵守禮儀，那裡沒有鰥寡孤獨，那裡沒有兵荒馬亂，那裡的貴族們其樂融融，那裡的百姓們安居樂業，一切都是那麼井井有條、盡善盡美。

他喜歡那個世界。

在他的記憶裡，那個美好的世界，曾經是存在過的，它叫西周。

也不知何時起，他不再滿足於僅僅是對那個世界的憧憬。

他幻想著……

用自己的這雙手，重新創造一個那樣的世界。

（五）

曲阜城裡開張了一家私立學校，學校只有一位教師，是個三十來歲的中年人。

學校唯一的教師打出招牌：只要帶著十束肉乾來見我的，不管什麼人，我都會傳授給他知識！

教師姓名：孔丘。

周圍的人不理解他，明明有著小康的生活，卻偏偏要改變，看著吧，遲早得栽跟頭。

他充耳不聞，只管埋頭教書育人，傳道授業解惑。

在當時，接受教育是貴族獨有的權利，平民是沒有資格學習知識的。

可他不管，就是幹。

他說：「有教無類。」

誰說貴族就一定是君子，平民就一定是小人？又是誰說，春秋是屬於貴族們的舞台，平民永遠只是台下的觀眾？

他偏偏就要把平民也推上歷史的舞台，與你們這些貴族們一較長短！

誰叫他自己就是一個矛盾的存在？

……

他學而不厭、誨人不倦，慕名來拜他為師的人越來越多，幾乎每天他都會圈上一波粉絲。

還有的人可能只是聽了一堂課就走，連肉乾都沒給，可他卻毫不在意，認為有朋自遠方來，是一件很快樂的事情。

傳聞他有弟子三千，來自不同的國家、不同的民族、不同的階層，他們有的是貴族、有的是農夫、有的是商人、有的是雜役……

可他從來都一視同仁，所以，縱然他的學生中有人比他的地位還要尊貴，卻無一例外地尊敬他、愛戴他。

他們不再喊他孔丘，而是親切地稱呼他：孔子。

他殺死了那個叫孔丘的過去。

開拓出了一個叫孔子的未來。

（六）

第一個給他當頭棒喝的，是另一位聖人：老子。

洛邑，大周王朝的首都，一座輝煌消散了很久的城市。

那一年的孔子，不知道什麼叫歲月靜好、現世安穩，他只懂得意氣風發、鬥志昂揚……

在一個貴族學生的幫助下，魯昭公資助他來洛邑深造。

他聽說在洛邑這座城市，有一個叫李耳的大學者，人稱老子，是天底下最有學問的人。

那一天，年輕氣盛的孔子，見到了老子。

老子果然很老，而孔子還很年輕，雖然大家後來都是聖人，可君生我未生，我生君已老，年紀的差異，讓彼此境界相差太多了。

所以，這兩個聖人的見面，並沒有大師說禪、名家論道那麼富有意境。

只是單方面的訓話。

老子言辭侃侃，幾乎否定了孔子的一切，雲淡風輕。

最後告訴孔子：學會放棄。

他看出來了，孔子是個固執的人。

這樣的人一旦確認了方向，那麼他永遠都會在路上。

哪怕這條路上荊棘叢生……

孔子表面上唯唯諾諾，實際上左耳朵進右耳朵出，後來也並沒有做到。

最後他的下場，也和老子的預想一樣，充滿了苦澀與挫敗。

直到周遊列國結束後，孔子受盡了苦難，才漸漸理解了老子當年對他說過的那些話。

但是，如果當初孔子聽了老子的話，那麼他還是孔子嗎？

老子與孔子還是有區別的。

所以道家與儒家也是有區別的。

一個出世，選擇頭戴金箍、立地成佛。

一個入世，選擇大鬧天宮、寧為玉碎。

那麼，這兩種人生態度，究竟哪個正確？

其實我覺得，從來沒有正確與否，只是不同的選擇而已。

畢竟每一種選擇，都有每一種選擇的精彩，也有每一種選擇的無奈。

如果在命運的十字路口，前方是不可逾越的險阻，你是選擇堅持，還是放棄？

老子與孔子的答案不同。

一個適應現實，一個改變現實。

或許，在年輕時，你也遇見過如老子這樣的長輩，為你講述著自己總結的人生感悟。

可是，人生的感悟並不是技能，是學不會的，所以道理聽懂了，卻依舊過不好人生。

因為我們無法得知，他們輕描淡寫的每一句話，背後究竟經歷了怎樣的故事。

要理解那些話的辦法只有一個，那就是靠自己親身去體驗一

番。

當年華逝去、歷經坎坷、飽嘗苦澀，才會明白，當年長輩們到底在殷切囑咐什麼……

然後，我們又得了健忘症，嘮嘮叨叨地把這些話告訴下一代，期盼他們能少走點冤枉路……

而老子對孔子的殷勤囑咐，又何嘗不是如此？

孔子終究是離開了洛邑，他的歸途還算可愛，只是隱約少了點姿態。

其實，我們有理由相信，老子年輕時，也必然是一個有故事的人，只是在現實的磨難下，他選擇了逃避。

他活得瀟灑、快樂，但心中卻依舊困惑，對於曾經的夢想，他既慶幸自己沒有賭上一切，又遺憾自己沒有賭上一切。

不知他看到孔子離去的背影，是否能想起昔年的自己，也曾鮮衣怒馬少年時，一日看盡長安花？

（七）

孔子的學校越做越大，收的學費越來越多，在魯國也小有名氣，成了許多人羨慕的對象。

可誰也沒想到，就在事業如日中天的時候，他卻突然放棄了朝九晚五，選擇了詩和遠方。

他丟下了前途無限的學校，打點行裝，去了齊國。

他不甘心，不甘心自己一輩子只能是一個教師。

他還有夢想。

他希望自己可以從政。

他不願再做那夜裡聽歌的小孩，他討厭這個崩壞的世界，而渴望歌聲裡那個安寧、愜意的美好家園。

在齊國，他見到了齊景公。

他兜售自己心目中的理想國：「君君臣臣，父父子子。」

他說，一個理想的國度裡，每個人都有屬於自己的角色，只有我們每個人正確認識自己，扮演好自己的角色，「中國夢」才會實現。

齊景公說：「你很有想法。」

然後說自己年紀大了，「中國夢」實不實現關我什麼事，您還是哪兒來回哪兒去吧。

他被拒絕了。

他失魂落魄地往回走，偶遇一個樂師在撫琴奏樂。

那是《韶》音，叮叮咚咚的音符從樂師指尖流出，湧進他的心裡，哀哀戚戚、空靈憂傷。

他不禁停住了腳步，靜靜聽著，如癡如醉，三月不識肉味。

樂師看向這個奇怪的人，他疑惑，在齊國演奏這首音樂幾十年，只有這個人有所感觸。

他輕嘆：身邊沒有一起能聽懂這首曲子的朋友，你一定很孤獨。

轉身即逝間，歷史在這裡仿佛發出了一聲嘆息。

嘆息他走上這條孤單的路途，路旁空無一人。

他留給世人一個漸行漸遠的背影，然後被無邊無際的孤獨淹

沒。

尼采說：「要嘛庸俗，要嘛孤獨。」

這，是只屬於他一個人的逆行。

……

孔子離開齊國，途徑泰山腳下，一個中年婦女在田野邊嚎啕大哭。

他問：「為什麼哭？」

她答：「我的丈夫與兒子，先後都被老虎吃掉了。」

他不解：「既然知道這裡有老虎，怎麼不搬到別的地方去？」

她答：「因為這裡沒有苛政。」

他沉默，不發一語。

心中隱隱有個聲音告訴他，他應該做些什麼。

哪怕不能成為一陣颳走陰霾的狂風，也要化為一場瓢潑大雨，讓這個世界清明幾分。

哪怕只有短短一瞬。

（八）

他回到了魯國。

魯國的政治更加混亂，三桓家族架空國君，作威作福，而三桓家族的家臣又架空了三桓家族，間接掌控了朝政。

此刻掌握魯國國政的，是曾經季孫氏的家臣，在當年將十七歲的孔子趕出門外的陽貨。

孔子如今聲名早已如日中天，陽貨需要借用他的名聲為自己造勢。

孔子一向反對「陪臣執國命」，在他眼裡，陽貨就是個亂臣賊子，所以他內心是拒絕的，對於陽貨伸來的橄欖枝，只當沒有看到。

陽貨倒很機靈，趁孔子不在家的時候，給他送來了一隻小豬。

根據《周禮》，他人送禮，若是主人不在家，主人必須登門造訪去拜謝。

玩心機？當年在眾目睽睽之下瞞天過海，將父母合葬的少年，此時的中年孔丘表示：你確定能玩過我嗎？

孔丘也不遑多讓，你不是在我不在家的時候送禮嗎？那我就在你不在家的時候回訪。

某天，他打聽到陽貨出門去了，趕緊前去拜訪，可回家的時候，無巧不成書，兩人竟在大街上相遇了。

他們王八瞪綠豆，大眼瞪小眼，滑稽。

陽貨先開口：「過來，想跟你聊聊天。」

孔丘心裡的小人歇斯底里，表面上只能乖乖的迎上去，沒辦法，英雄氣短。

陽貨問：「有大學問，卻放任國家混亂，算仁嗎？」

他說：「不算。」

陽貨問：「希望從政，卻不去抓住機會，算智嗎？」

他說：「不算。」

陽貨總結：「那不就得了，時不我待，你還等什麼？」

孔丘沒辦法，先表面迎合這廝一下：「好吧，我跟你。」

原本以為，晚節就這麼不保了，可很快又來了一個神轉折。

還沒等他出仕，陽貨先垮台了。

三桓聯合，將陽貨趕出了魯國，重新掌控了權力。

孔子的機會來了。

因為三桓之一的孟孫氏也是他的學生，在孟孫氏的推薦下，他終於踏入了政壇。

從中都宰到小司空，再從小司空到大司寇，他一路官運亨通，成為了魯國炙手可熱的大人物。

這是他一生中最意氣風發的時刻，他大顯身手，把魯國治理得井井有條，不義之財掉在路邊沒有人撿，深夜裡家家戶戶都懶得關閉門窗。

他代表魯國與齊國會盟，在敵強我弱的困境下，敵國咄咄逼人，他言辭侃侃、不動聲色，迫使齊國歸還了曾經侵占魯國的土地。

他從沒有如此志得意滿，連回家路上都哼著輕快的小調，像個孩子一樣。

……

他覺得推行自己理念的時機到了。

他把自己的學生安排進政府，與他一起拆毀大夫家邑的城牆，削弱三桓的實力，希冀鞏固國君的統治。

他的做法引起了三桓的警覺，他們不約而同排擠孔子，在不知不覺中，孔子發現自己竟然走到孤立無援的境地。

舉國上下的貴族們都在反對他、詆毀他，而原本賞識他的國

君對此卻裝聾作啞。

觸手可及的夢想，在一瞬間徹底擱淺，他失望、彷徨、悲傷，惶然不知如何應對。

他沒有等到人家來趕他，而是很識趣地自己離開了。

他選擇周遊列國，這一走，就是十四年。

這註定是一段無處停擺的旅程，途中盡是顛簸坎坷，無論熱淚如何崩壞，命運也不會溫柔以待。

那麼就唱歌吧，把眼睛瞇起來。

就這樣，哼著歌謠，披荊斬棘，且行且珍惜，從不在乎是否能抵達目的地，只在乎沿途留下的步履。

<h2 style="text-align:center">（九）</h2>

戰火紛飛的年代裡，他向各國的君王們宣揚自己的理念，希望他們克己復禮、仁者愛人。

子曰：「魯衛之政，兄弟也。」

所以他的第一站，是衛國。

衛靈公看見他，迫不及待地問：「能不能跟我講講打仗的事？」

他面容僵了下來：「打仗的事，我不知道，禮儀的事，倒是懂一些。」

衛靈公原本熱切的目光淡了下去，他看向天邊的大雁，心中發笑：什麼？仁者愛人克己復禮？腦袋進水了吧？不感興趣。

他不氣餒，繼續趕著他的馬車，繼續他的流浪。

從一個國家到另一個國家，一段旅程結束又開始另一段旅程。

他走了很遠很遠，一路上，明明落魄得的灰頭土臉，卻依舊元氣滿滿。

這是一場背負著希望與悲傷的放逐，不論多麼疲憊與厭倦，他從未向現實低頭，就算遍體鱗傷，也要在漫無邊際的黑暗中，尋找遺失已久的光亮。

……

後來，他聽說，楚昭王是一位明君，所以特意趕去楚國，渴望一展抱負。

在楚國方城山外的葉邑，他見到了大名鼎鼎的葉公沈諸梁，葉公向他詢問如何治理封地，他回答：「讓本國人快樂，外國人歸附。」

有人自作聰明，說他這是空話、廢話，沒具體的可行性。

可是只要稍作了解，就能知道，葉邑原本屬於許國，當地人民對楚國的認同感很低，同時又地方大、人口少，所以治理這個地方的核心理念，就是「近者說，遠者來」，他一句話能直擊要害、一針見血，恰恰證明其眼光不凡。

葉公又說：「在我的家鄉，有一個正直的人，他的父親偷了人家的羊，他大義滅親，選擇告發他的父親。」

他不認同：「在我的家鄉，正直的人和你講的不一樣，如果出了你說的事，父親會為兒子隱瞞，兒子會為父親隱瞞，我覺得這才叫正直。」

葉公不理解，法不容情，親情能凌駕於法律之上嗎？

他搖頭，親情能否凌駕於法律之上，這點他不懂，他只知道，一個人，如果不遵守法律，那最多不是一個好公民，可如果六

親不認，連父親都檢舉，那連個人都不是了。

葉公心中讚賞，私下問他的學生子路，你們老師是個怎麼樣的人？

子路嘴笨，不知道怎麼回答，只能不了了之。

他聽說了，對子路笑說：「你可以這麼說，孔丘這個人呀，發奮起來就忘了吃飯，快樂起來就忘了憂愁，像個長不大的孩子一樣，都不知道自己已經老之將至啦！」

葉公聽聞，哈哈大笑，更是對他欣賞有加，並將他推薦給了楚昭王，楚昭王對他的聲名早有耳聞，有心招攬，親自出城迎接，打算封疆七百里以待之。

可惜，在楚國令尹子西的阻撓下，他再一次錯失了機會。

子西說：「在我們楚國，論外交，誰比得上子貢，論輔佐，誰比得上顏回，論掌軍，誰比得上子路，論為官，誰比得上宰我？」

楚昭王沉默一瞬，承認：「沒有人。」

子西質問：「那你把這樣一群人招來楚國，時間一長，若生異心，敢問是福是禍？」

楚昭王惶然，驚出一身冷汗，絕口不提任用孔子之事，此事遂罷。

……

他只好繼續他的旅行，因為固執，因為他認為自己的理想非實現不可，所以，他甘願為之奔波一生、負重前行。

可是，光陰會如梭，白駒會過隙，時間也會如流水。

他的頭髮漸漸花白，銳利的目光也慢慢趨於渾濁，原本挺拔的腰也駝了下去，不得不拄起拐杖，蹣跚而行。

在黃河邊，他聽到了竇犫鳴犢和舜華兩位賢人在晉國被殺的消息。

遺憾季節裡，迷醒歲月中，遠處的未來荒蕪貧瘠、寸草不生。

他獨立於川上，看向匆匆流水，不禁悲從中來：

「逝者如斯夫，不舍晝夜——」

他早已不再年輕，生命留給他的時間一寸寸地消磨，可他始終看不到路在何方。

如果漂泊是成長必經的路牌。

那就老去吧，孤獨別醒來。

（十）

周遊的歷程不僅有被拒絕的苦澀，更有危及生命的險境。

比如，在匡地，他們一行人險些喪命……

匡地原本屬於鄭國，在陽貨執政的時候，魯國曾經出兵攻打過這裡，所以這裡的人都對陽貨恨之入骨。

孔子有一個學生叫顏高，曾經參與過魯國攻打匡地的戰爭，如今師徒一行人途經此處，顏高為了賣弄，指著一處坍塌的斷牆說：「看到了沒有，城牆下面的那個缺口，我當年就是從那裡殺進去的，哈哈哈哈……」

他這一炫耀，引起了匡地守城士兵的注意。

因為孔子與陽貨長得很像，這些匡人一看，誤以為陽貨來了，一個個眼睛都紅了，回去抄起傢伙就殺過來了。

孔子走著，一看遠處煙塵滾滾，一大群人朝他衝了過來。

唉？什麼意思？他們幹什麼呢？附近有廟會嗎？

很快，他發現對面人群的目標是他們，而且一個個都面色不善、殺氣騰騰。

雖然不知道發生了什麼，但趕緊跑絕對沒錯。

就這樣，孔子一行在前面跑，匡人在後面追，最終，匡人將孔子師徒圍困了起來。

可孔子這一行人也不是軟柿子，子路、顏高也拿起傢伙，與匡人對峙，雙方就這樣僵持了五天五夜。

五天後，匡人發現圍錯人了。

誤會，都是誤會！

孔子欲哭無淚，到底發生什麼事？

顏高訕訕地摸著鼻子，在老師面前發誓以後再也不得意忘形了，孔子氣得把他給狠狠罵了一頓。

……

如果說，匡地對他而言只是虛驚一場，那麼在宋國遇到的危險，就是真正的生死交關。

當時，他打算去陳國，途經宋國，驕陽似火、烈日炎炎，在一棵大樹下，他們一邊乘涼，一邊演禮。

蒸籠般的夏日，沒有打垮他們的意志，他的學生們依舊滿懷信心，齊聲歌唱，引來周邊的圍觀百姓越來越多。

宋國是殷商後裔，對《周禮》向來深惡痛絕，所以宋國的司馬桓魋聽說了後，叫人去砍了那棵大樹，要趕他們走。

乘涼的大樹被砍，面對傲慢的宋國官吏，學生們個個義憤填膺，他安撫住學生，希望息事寧人。

然而，樹欲靜而風不止……

宋國與陳國關係一向惡劣，桓魋知道他們一行人要去陳國後，揚言要殺了孔子。

他少年時，那股不按牌理出牌的機靈救了他們一命。

他果斷跑路，但沒有直接向陳國方向走，而是來了個大轉彎折到了鄭國，將追殺他們的人遠遠甩在了後面。

他得意洋洋地笑：「我是被老天爺選中的人，桓魋能把我怎麼樣？」

然後他一不留神、二不注意、三不小心，就迷路了。

他一個人杵在城牆腳下手足無措，抬頭四顧心茫然。

有人看到了他，指指點點：

你看那個人，他好像一條狗唉！

（十一）

他是狗嗎？

他當然是狗，一隻無家可歸的流浪狗。

這隻流浪狗的家在哪裡？

是魯國嗎？

不是，他從來都沒有家。

他的家，不是雕樑畫棟、僕從如雲的深宅大院，也不是富麗堂皇、雕欄玉砌的華美宮闕，而是一個他年輕時，在夢裡所到過的地方。

那是一個美好的世界，那裡有寬厚仁慈的君王，有賢明知禮的諸侯，有奉公守法的貴族，有安分守己的農民，那裡的所有人都崇尚道德，遵守禮儀，那裡沒有鰥寡孤獨，那裡沒有兵荒馬亂，那裡的貴族們其樂融融，那裡的百姓們安居樂業，那裡的一切都是那麼井井有條、盡善盡美。

那才是他心目中的家。

這條流浪狗，一生都在回家的路上。

……

在這條路上，他遇到過各式各樣的嘲笑。

他盡力讓自己樂觀些，在匡地被困，他說周文王的道在我手裡，匡人能把我怎麼樣？在宋國遇險，他說老天把德給了我，桓魋又能拿我怎麼樣？

他像個樂天派，樂觀得甚至有些盲目，對未來充滿了一廂情願的信心。

可也許，這只是他保護自己的一種方式呢？不然，他如何扛得住這一路的鄙視與嘲笑？

現在想來，當時的孔子，笑得該是多麼絕望。

……

春秋大勢，天崩地裂，無道的亂世裡，有一些人涼了血、寒了心，回歸到田園之中，選擇了逃避。

這些人習慣了黑暗，就會為黑暗辯護，他們不認為自己是逃避，反而堅信這是成熟，是懂世故，是認清了現實。

明明是自己選擇了向現實妥協，還要裝作不得已的受害者模樣，最可恥的是，就因為自己甘願被囚禁在黑暗中，一旦看到別人還在追逐光明，他們就感到渾身不舒服。

於是他們勢必要嘲弄、譏諷，不遺餘力地將那個人也變得和自己一樣。

這樣他們的內心才能平衡。

當孔子一行人奔波到河邊，找不到渡口的時候，看到了田野裡，有兩個大個子在耕作，孔子讓子路去問路。

有人說，這兩個人，一個叫長沮，一個叫桀溺，實際上，「長」和「桀」分別是高個子和大塊頭的意思，「沮」和「溺」都是耕作的意思，這兩個完全就是跑龍套的，在史書上擺個造型就殺青了，演員表上是不可能有他們的名字的。

子路跑過去，還沒來得及問，高個子先開口了：「那個拿韁繩駕車的人是誰？」

子路一愣，回頭看了一眼，回答說：「是孔丘。」

高個子：「魯國的孔丘？」

子路：「是。」

高個子輕蔑一笑，意味深長地說：「那他早知道渡口的位置了。」

你不是周遊列國嗎？你不是遊說諸侯嗎？既然你堅信自己選擇的終點有光，還何必問我路在何方？

子路聽出對方來者不善，可還是強壓火氣，轉頭去問大塊頭。

大塊頭也沒有回答，而是反問：「你又是誰？」

子路：「我叫仲由。」

大塊頭：「你是孔丘的學生？」

子路：「是。」

大塊頭若有所思地說：「天下無道，舉世皆然，有誰能拯救？你與其跟著孔丘在這黑暗的世道裡奔走，不如跟我們這些人避世隱居，與飛禽為友、走獸為伴，一起逍遙山水間，那多快活！」

子路沒問到路，反被羞辱了一頓，子路既生氣，卻也感到迷惘，因為這兩個人的教訓，似乎也有道理。

他回來向孔子做了彙報，希望聽到老師的答案。

「人不和人打交道，非要和飛禽走獸當朋友，腦子有洞嗎？」

孔子沒有生氣，對二人的話也不感到意外。

「天下無道？正是因為天下無道，才需要我們去承擔這份責任！假如天下有道，還需要我們嗎？」

這句話，仿佛一個固執、倔強的孩子，明明遍體鱗傷、頭破血流，卻依舊抱著心愛的玩具不放手。

那是底線，怎麼能放手？

他說出這句話時是該多麼的孤獨，可是，它卻是一個知識份子最後的堅守。

……

在楚國，一個舉止怪異的行為藝術家從他的車旁經過，口裡還念念有詞：

「鳳凰啊、鳳凰啊，你的命運怎麼這麼衰呢？過去的已經無可挽回，未來的還來得及改正。算了吧，算了吧。趕緊回家洗洗睡吧！」

他連忙下車，想同那人探討一下人生，可那人卻跑了，他終究是沒能和那人交談。

他聽過太多這樣苦口婆心的勸說，看過太多居高臨下的同情

以及幸災樂禍的嘲諷。

可那又怎麼樣？你們有你們的選擇，我也有我自己的抉擇。

這是我自己決定的人生，無怨無悔。

曾經，我聽過一個這樣的故事。

說一個孩子，他從小喜歡看星星，渴望當一個天文學家。

後來他考上了北大，學的是最頂尖的專業，可謂前途無量，但他卻不開心。

他對一位教授傾訴了自己的煩惱，說出了他埋藏在心底十幾年的理想。

他說：「我怕別人笑我。」

教授問：「怎麼笑？是這樣嗎？」說完，就開始笑，笑得瘋狂，笑得放肆，要多大聲多大聲。

他尷尬，只好跟著一起乾笑。

教授的臉色平靜了下來，沉沉地看向他。

教授說：「我現在笑完了，又能怎麼樣呢？」

他這才恍然大悟，是啊，那又能怎麼樣呢？

所以，你們盡情笑吧，那是你們的消遣，與我有什麼關係？

既然我的悲傷，無關別人痛癢，那麼我的夢想，又哪裡輪得到你們中傷？

⋯⋯

在衛國，孔子敲擊磬，一個背扛草筐的人從門前經過，說：「這個擊磬的人有心思。」

他詫異地抬起頭。

那人又說：「聽著聲音，是沒知己吧？嘿嘿，既然沒人理解自己，那就算了嘛。好像涉水一樣，水深就踩著石頭過去，水淺就撩起衣角走過去。」

他說：「我無話可說。」

他不是無話可說，是不想說了。

他早就不指望別人能理解他了，只能付之一笑。

在洞悉了世界殘酷的本質後，或許每個人剩下的只是憐憫，然而不同的是，聖人憐憫眾生，庸人憐憫自己。

世界是多麼的利慾薰心，所以，只有純粹的人，才能一往無前。

這是孔子的選擇，他選擇了遠方，便只顧風雨兼程。

所以，還有夢想的孩子啊，請昂起頭，不忘初心，砥礪前行。

（十二）

他當然也迷惘過。

在陳蔡之間，他們被一場戰爭圍困在了山坳裡，斷糧好幾天，上蒼給了他們最殘酷的考驗。

他們流浪十年，不見曙光，這紛亂人世、異國他鄉，縱然決然如他，也失了方向。

他有三個最親近的弟子：子路、子貢、顏回。

他迷惘，問子路：「為什麼我們會淪落到這種地步，是我錯了嗎？」

子路是孔子最忠誠的學生，他回答：「會不會是因為我們的智慧和品德還不夠？」

孔子定定地看向他，搖了搖頭：

「如果聰明人就能獲得成功，比干、伍子胥這些能人還會死嗎？如果有道德就能獲得成功，伯夷、叔齊這些賢人還會死嗎？懷才不遇的人多得是，又不是就我一個，何必一副全天下就我一個人受了委屈的模樣……」

「我們沒有錯，只是沒有得到一個好的機會，君子應該抓緊時間讓自己變得更加優秀，等待機會的到來，而不是自暴自棄。抱怨，才是成功最大的障礙……」

……

子路似懂非懂，孔子讓子路出去，把子貢叫進來。

他又問子貢：「為什麼我們會淪落到這種地步，是我錯了嗎？」

子貢是孔子最聰明的學生，他回答：「會不會是因為您的思想太偉大了，所以天下人才沒辦法接受您，所以，我們要不要改變一下？」

孔子又是搖了搖頭，開口道：

「既然我們沒有錯，為什麼要去改變？君子研究學說，是為了造福世人，而不是為了迎合世人……」

「現在我們不鑽研自己的學說，讓它更加完美，反而去擔心它會不會讓人們喜歡，這就是你的志向嗎？」

子貢沉默。

他是商人，商人從來不是看自己想賣什麼，而是看市場需要什麼，以迎合市場的喜好。

可孔子不是。

他不願背叛自己的理念，去迎合君王們的喜好。

執著？固執？還是迂腐？

……

孔子讓子貢先出去，把顏回叫進來。

他再問顏回：「為什麼我們會淪落到這種地步，是我錯了嗎？」

顏回是孔子最喜歡的學生，他回答：「老師，那是因為您的思想太偉大了，所以天下人才沒辦法接受您……」

顏回的回答竟然和子貢一樣？

孔子的一顆心懸了起來。

「可是，您還是致力於宣傳它、實踐它，天下間沒有人接受您，那是他們的損失，該憂慮的人應該是他們，而不是我們啊……」

孔子聽罷，既想大笑，又想大哭。

他一邊抹著鼻涕一邊笑：「顏家的孩子，要是有天你發財了，老師我就給你當管家……」

（十三）

孔子老了，老到無法再繼續他的旅行。

陳蔡的困境，讓他知道，自己的風聲吹到這兒，已不需要再釋懷。

他笑說：「我家鄉的孩子們個個都太狂了，我得回去好好教

他們做人啊。」

學生問，我們不繼續周遊列國了嗎？

他擺手，一臉笑，「不遊了、不遊了，」不知不覺低下了頭，聲音哽咽，「不遊了，真的不遊了……」

……

他的旅行結束了。

但追夢的人，依舊在路上……

他只是選擇了放下。

不是放棄……

他決定將未來交給下一代，他堅信，這些孩子們會做得比他更好。

有一次，他問學生：「你們的理想都是什麼？」

子路迫不及待跳出來搶答：「我想當一名將軍，帶領軍隊殺伐四方，保家衛國！」

他笑：「勇士也。」

子貢不甘落後，也侃侃而談：「我的理想是，假如有兩個國家在戰場上對峙，我願一襲白衣，在刀光劍影之下遊說兩國，讓他們化干戈為玉帛！」

他笑：「辯士也。」

顏回神情恬淡的看向他們，一言不發。

他問：「顏回，你怎麼不說？」

顏回：「文韜武略，兩位同學都已經說過了，我也沒什麼可說的了。」

「沒關係，你怎麼想，就怎麼說。」

「我的理想，與師兄弟的不一樣。」

他神情凝重了起來，眸子裡有期待，也有緊張。

顏回說：「我願意輔佐一位明君，讓國家不再修城牆、造溝池，把武器都變成農具，讓天下永遠都沒有饑餓與戰爭。這樣的話，就不需要子路師兄奮戰沙場，也不需要子貢師弟遊說陣前了。」

他怔怔看向顏回，隱約間，腦海中有身影浮現。

那是年輕時的自己，恍惚間，兩張臉竟然神奇般的縫合在了一起，分毫不差。

「真是美好啊——」

耳邊似有二重奏，那是年輕時的他，在第一次看完《周禮》時脫口而出的讚嘆，像是橫貫了三十年的悠悠歲月，蕩漾而來。

……

「老師，那您的理想又是什麼？」

「我的理想，就是帶上行裝，跟在顏回的身後，一起去見識、見識那個世界。」

（十四）

孔子回到了魯國。

當初離開時的他，尚且精力充沛、威武雄壯，如今卻早已老眼昏花、兩鬢斑白……

十四年了……

子路在衛國從政，做了官，子貢繼承了祖業，奔波於各國經營生意，其他學生也紛紛走上了各自的人生道路。

老邁年高的他，開始著手整理經典，他決心將自己的想法用文字留在書籍裡，既然當代沒有人接納自己，那總有一天，從這些書卷中，定能找到一個可以理解他的知己。

他編纂《詩》，讓我們祖先的浪漫情懷可以流傳下來，成為詩歌王國裡最美的風景。

他編纂《書》，保留了中華民族最早的一部史料典籍，記錄了華夏先民的艱苦奮鬥。

他編纂《禮》，教導後世炎黃子孫們要恪守禮義廉恥，打造了一個東方的禮儀之邦。

他編纂《易》，注解了中國流傳了幾千年的卜筮文化，賦予華夏一層神秘色彩。

他編纂《春秋》，讓一個熙熙攘攘的大時代，以之而命名。

……

可他終究是個孤獨的生命。

曾經尖銳得要和全天下對抗的他，一下子就變得寧靜而憂傷。

晚年的孔子，學會了自欺欺人、得過且過，性格也變得頑固，喜歡撒野、任性，像個無理取鬧的孩子，真是越活越回去。

他經歷了太多的離別，一次又一次的讓他痛徹心扉，他的妻子死了、兒子死了、顏回死了、子路死了……

再無人懂他的快樂，無人懂他的氣怒，無人懂他的悲傷，更無人懂得，晚年的他，早已枯萎。

他說：「沒有人了解我。」

子貢：「怎麼說沒有人了解您呢？」

他說：「我不怨天，也不尤人，下學禮樂，上達天命，了解我的只有天吧。」

⋯⋯

西元前 479 年，孔子死在了家中，享年 73 歲。

他閉上了眼，仿佛見到面前盛開了一大片充滿陽光的向日葵。

陽光自由揮灑在這片土地上，周公博冠儒帶，牽著成王的手，欣慰地看向這片大地，姜太公挽著褲腿，與農夫們一起辛勤耕種，伯夷和叔齊在首陽山上談笑風生、悠然對弈，老子騎著青牛遊歷阡陌，含笑看向幾個光著腳丫的小孩子，在麥田裡快樂地奔跑⋯⋯

多麼美好的世界啊——

他甚至來不及發出一聲讚嘆，勾起微不可見的笑意，慢慢在唇邊凝固⋯⋯

他脫離了這個骯髒的世界，手邊的那本《周禮》，上面落滿塵埃。

原來夢倒塌的地方，今已爬滿青苔。

（十五）

故事的句點，畫在了這裡。

這是一個失敗者的故事。

因為故事的主人公，在故事的結尾，夢碎了。

然而，這個故事還有續集。

在他身故後，他的學生遊散於諸侯，有的為卿為相，有的開壇設教，有的隱而不見，其中子張在陳、子羽在楚、子夏在西河、子貢在齊……

然後，是學生的學生、學生學生的學生……

一代代的儒家學子，秉承著他的信念、繼承著他的理想，將家國天下扛在肩頭，繼續了他未完成的旅行……

於是，無論後世的貴族多麼自由散漫，卻始終不缺埋頭苦幹的人，無論權貴們多麼遊手好閒、卻始終都有拚命硬幹的人，無論塵世的君王多麼權勢滔天，卻始終不乏為民請命的人，無論世間的真相有多麼汙濁黑暗，卻總是會有捨身求法的人……

這個失敗者的身影，永記在世人的心中，化作一個成功的座標，指引著無數的後來人通往自由、光明的方向。

而這個故事的續集，今天仍在繼續……

天不生仲尼，萬古如長夜。

（十六）

孔子是什麼人？

有人說，是聖人，是中華文化的始祖；有人說，是罪人，是幫助地主階級剝削人民的幫兇。還有人說，他就是個普通人。

如果說，孔子是聖人，可他卻一生失意，沒當上什麼大官、也沒辦成什麼大事，他整理了一些書籍，但似乎也沒什麼了不起的。

如果說，孔子是罪人，可他的思想遺產卻光耀千古，滋養了這片大地兩千多年，直到今天，他的精神依舊融在每個中國人的血液裡。

　　如果說，孔子是普通人，可是為什麼那麼多普通人，就只有他成為了中華傳統文化的代表，難道僅僅是因為他命好？而其他人命比較背？

　　如何看待孔子，兩千年來，每個人都有每個人的答案，我相信，即使再過兩千年，也依舊不會有定論。

　　但至少，在我看來，他是個「知其不可為而為之」的人。

　　明明早就知道，自己的理想只是一個遙不可及的夢，卻依舊為此奔波遊歷，不論被拒絕多少次、遭遇多少次凶險、被路人奚落多少次、哪怕被人說成是一隻喪家之狗，他也依舊選擇踏上那條充滿荊棘的不歸路。

　　後來，他失敗了，帶著遺憾永遠闔上了雙眼。

　　這一切都值得嗎？

　　這句話，長沮問過、桀溺問過、楚狂接輿問過，我們也想問……

　　但這個問題似乎也不重要了。

　　因為，人生的選擇，從來不是值不值得，而是願意不願意。

　　孔子失敗了。

　　很多人這樣說。

　　但我覺得他好像成功了。

　　因為他按照自己喜歡的方式，**轟轟**烈烈活了一生。

　　那麼，你會對他說……

　　你好。

　　還是再見。

第二章

子路：從山雞到陳浩南

（一）

上中學的時候，總會遇見幾個坐在後排的同學。

他們叛逆、暴躁、喜歡快意恩仇，打打殺殺像個「8+9」。

他們中二、狂妄，總是義字當先，自認為老子天下第一。

當時還小，男孩子一方面厭惡他們，另一方面卻又渴望成為他們，覺得在社會上當個古惑仔，為兄弟兩肋插刀、縱橫江湖、街頭幹架，那才叫放蕩不羈、英雄本色。

在女孩子的心中，大多也認為這樣的壞男孩感覺帥帥的，抽菸喝酒打架，每個叛逆的小動作，仿佛都有一種的魅力，甚至還有想做「大哥女人」的念頭呢。

然後，我們都長大了。

不知何時起，我們開始覺得他們幼稚、可笑、不像話、不懂事……

在嘲諷他們的同時，卻又在心底暗自慶幸。

幸好當年班上有這麼幾個可愛的傻子，讓我們那段青澀歲月變得有趣可愛……

多年後，再回憶起那段青春，最讓我們記憶深刻的，不是那些好學生，反而是這些可惡又可愛的小混混們。

一個班級，仿佛就該有那麼幾個小混混才算圓滿。

所以，在孔子的班級裡，又怎麼可能少得了這樣的人？

子路，就是孔子學院的「混混擔當」。

（二）

仲由，字子路，比孔子小九歲。

沒人知道他是什麼來頭，史書上說他是「野人」，說起來他的性格也確實夠野。

在遇見孔子前，他認為暴力可以解決一切問題。

所以他玩起了 cosplay。

他腦袋上戴著雄雞式的帽子，腰間挎著公豬裝飾的寶劍，雄赳赳、氣昂昂地在大街上耍威風，成了銅鑼灣，啊不對，是曲阜城的扛霸子。

當孔子在知識的海洋裡優游的時候，他卻沉浸在打架鬥毆中無法自拔……

那天，子路聽說有個叫孔丘的人新開辦了一家私人學校。

他不請自來。

來學習？來上課？來念書？

都不是。

他是來收保護費的。

看著吊兒郎當的子路，身高二米二的孔子內心毫無波瀾，甚至有一點想冷笑。

什麼？打架？別鬧，打什麼架？還不如來口士力架。

孔子提倡的是講文明、樹新風、揚正氣、促和諧的好不好？要以德服人！

孔子笑咪咪，像個騙小女孩的怪叔叔：「你有什麼愛好啊？」

什麼？愛好？

子路本身就笨，突如其來的發問，讓他有點愣住，腦袋沒跟上。

「呃……擊劍吧。」

「沒問你這個，」孔子再次開口，說，「你看看，你現在打架都這麼厲害了，要是再學習文化，文武雙全，那可真的不得了！」

學習？

子路呆若木雞，他從來沒想過學習，就會打架鬥毆。

他問：「學習，真的有用嗎？」

他沒發現，自己忘了最初來找孔子的目的了。

孔子心底發笑，怎麼又是讀書無用論？只有讀書讀不好的人，才會信這個，就是為了給自己的不努力找藉口。

孔子長篇大論、東拉西扯講述了學習究竟有多麼重要，不停引經據典把子路說得眼花撩亂，最終一錘定音：

「只有學習，人才能走向成功，討厭讀書的小混混，遲早有一天得進牢裡蹲著。」

子路被說得面紅耳赤，反駁說：「南山上有竹子，我把它砍下來做成弓箭，連犀牛皮都能射穿！在這個過程裡，哪裡用到學習了？」

對呀！在道上混，抄傢伙砍人還用學嗎！？

孔子笑得高深莫測：「如果你學習了，會打磨出更鋒利的箭頭，這樣殺傷力不是更大嗎？」

子路聽得目瞪口呆。

厲害了，還有這種操作！

你們讀書人真會玩。

可現在怎麼辦、怎麼辦？為什麼這個人說的話好有道理的樣子？

子路呆呆地看著面前這個大個子，發現他的腦門兒後面似乎有一大坨光圈，這是……大神！？

……

終於，子路褪下奇裝異服，穿上峨冠博帶，成為了孔子的學生。

他的一生就這樣被改變了。

（三）

子路是個窮小子，孔子好歹還有個貴族的身分，而子路是個野人，連個身分證都沒有，在曲阜混，有時候餓了還要靠挖野菜來充饑。

按理來說，這樣的境遇，應該天天以淚洗面，或者指天發誓，將來必定要出人頭地……

這才合乎常理。

但因為他是子路，所以他的模式就不怎麼正確。

孔子說：「穿著寒酸衣服，與穿著名牌衣服的大佬並肩而立，而不會感到自卑的，大概就是子路了吧。」

這就是子路，大咧咧、自得其樂的子路。

可是子路也有不好意思的時候。

他不怕別人笑他窮，但怕別人笑他笨。

因為小時候被耽誤得厲害，基礎實在太差，長大後又常年混跡江湖打架鬥毆，所以成績怎麼也上不去。

總是學不會……

沒面子。

雖然不做大哥好多年，可也不能這麼丟臉吧？

於是，每次孔子講完課，問大家這節課大家聽懂了嗎？

子路都會高深莫測地點頭，給老師一個肯定的眼神，一副了然於胸的樣子。

孔子無可奈何地說：「由，誨汝知之乎？知之為知之，不知為不知，是知也！」

子路：「哈？」

孔子：「子路，莫裝 B ！裝 B 遭雷劈！」

子路：「喔。」

……

幸好，子路雖然當年是個混混，但卻十分好學，所以孔子認為這個人還是可以救的。

其實，只要老師不放棄學生，沒有哪個學生是真心想自甘墮落的，即使是中二病，走錯了路，也遲早會回頭。

但如果你不叫他。

為了那點自尊，他即使回了頭，也不會原路走回來。

正是因為孔子的悉心教導，子路沒有因為困難而放棄，而是勤能補拙、迎難而上，每當他聽到一個知識，就果斷起身去實踐。

所以，子路才沒有一直是一個小混混。

那麼，還在街頭抽著菸、打著赤膊的古惑仔們，

連子路都這麼努力了，你們還有什麼理由不好好學習？

好意思嘛你們？

（四）

因為曾經是社會大哥，所以子路的性格比較暴躁，一整天都處於武裝狀態。

在學校，哪怕同學只是多看了他一眼，他都會直耿耿地瞪過去：你看啥！？

考慮到子路的戰鬥力，從來沒有人敢回一句：怎樣，我就是愛看你。

大家都怕子路。

孔子都看在眼裡。

有一回，子路問：「老師，怎樣才可以稱為士？」

子路已經意識到，以前在社會上當古惑仔，自以為很威風、很帥，可實際上，在上流社會裡，根本沒人會把他們當一回事。

子路想成為上流社會的人。

孔子說：「學會交朋友。」

子路不解，交朋友？這跟成為上等人有關係嗎？

孔子指出子路的問題：世界如此美好，你卻一天到晚如此暴躁，這樣真的不好，你看，連身邊的同學都不認同你，你還想讓社會認同你，你覺得這可能嗎？

子路覺得有道理，可具體應該怎麼做？

孔子回答：「做一個有禮貌的人，和朋友之間要和睦相處、互相勉勵。」

既然要交朋友，首先不能有暴力傾向，不要對別人亂發脾氣，或許有些人喜歡和油腔滑調的人交往，但畢竟只是少數，大多數人還是會對文質彬彬的人有好感——至少不會討厭。

你或許見過有些人說：「我討厭痞痞的人。」可你見過誰說：「我討厭有禮貌的人？」

有句古話叫君子之交淡如水，三毛描述說：「那就有如住在小河邊，每日起居中聽見水中白鵝戲綠波，感到內心歡悅，但不必每一分鐘都跑到門口去看那條河。因為河總是在的。」

朋友之間，順境時和睦相處，逆境時互相勉勵，這是一種相對而言，最舒服的狀態。

自然，這是內質，在外可以放肆、可以瘋狂、可以開玩笑、可以耍賴皮，但至少，本質的底線：學會禮貌，尊重對方。

……

從那天起，子路依然暴躁，但他再不會對同學們兇巴巴。

他憨厚耿直、不拘小節，拿出真誠與大家交往，同時保護同學們不受外面小混混欺負，所以不久，大家都接受了子路，一致推舉子路成為全校的大哥大。

他的武力終於不再被同學們忌憚，而是讓大家感到心安。

後來，孔子問子路的志向。

子路想也不想，豪氣干雲地回答：

「我願把最喜歡的衣服、車馬，給我的朋友們分享，就算被用壞了，我也絕不會生氣。」

（五）

子路遇見孔子，是他一生最大的幸運，而孔子能遇見子路又何嘗不是？

那年，魯國費邑的長官，名叫公山不狃，他寫信給孔子，想召孔子來自己這裡當官。

公山不狃是誰？

他原本是陽貨的部下，陽貨被三桓驅逐後，公山不狃占據了魯國的費邑，繼續與三桓家族對峙。

而孔子在當時博學多聞，已經小有名氣，公山不狃召孔子為官，未必是看上了孔子的才能，而是想藉著孔子聲望，給自己拉些人氣。

孔子心動了。

他決定去。

後世學者因為這件事，吵得不可開交。

因為孔子一生提倡「君君臣臣」，而公山不狃占據費邑作亂，公然對抗魯國政府，是典型的亂臣賊子，孔子居然打算投靠他，這讓儒家學者集體表示不能接受。

於是，很多學者就開始為孔子辯解。

學者 A：「你們懂什麼？人家孔子其實是不想去的，可是他太善良了，善良到不會拒絕別人，人家這麼客客氣氣來請他了，總不能掃人家面子嘛，不禮貌……」

學者 B：「啊呸！你知道個啥？孔子之所以去呀，是因為公山不狃反對的是三桓，又不是魯國國君，所以孔子支持公山不狃打三桓，有問題嗎？」

學者 C：「《論語》是後來編寫的，所以後人知道公山不狃占據費邑作亂，可當時孔子又不知道，不知者無罪嘛！」

學者 D：「你們都不懂，我告訴你們，《論語》傳到西漢，有魯論、齊論、古論三個版本，西漢末年一個叫張禹的人將它們合而為一，這就是我們今天看到的《論語》。張禹這個人，人品不怎麼樣，活著的時候曾經諂媚過王莽，所以他編寫的《論語》肯定不單純，孔子投靠公山不狃這件事，絕對就是那小子編的！」

「……」

其實凡此種種，都是刻意護航。

孔子確實想去公山不狃那裡當官。

我想我們能理解他。

他已經四十多歲了，實在不能錯過機會了。

就在孔子收拾行裝決定動身的時候，一個身影擋在了他的面前。

對他大喊：「做不了官就不做了嘛！為什麼非要到那種人的地方去！？」

是子路。

也只能是子路。

對孔子打算投靠公山不狃，學生們大多心懷不滿，可只敢在私下議論紛紛。

只有耿直的子路，敢當著老師的面把話撂出來！

面對子路的質問，孔子好像偷了東西的小孩被主人抓到一樣，第一次在這個學生面前弱了氣勢。

他委屈地說：「人家邀我去，難道是鬧著玩嗎？！如果有人用我，我一定能幫他建設個東方的西周！」

別看孔子話是這麼說的，可他終究還是沒有去。

無獨有偶，後來晉國範中行的家臣佛肸，占據中牟邑，也打算與晉國中央的趙簡子對抗。

佛肸給孔子寫信，也打算召孔子前去做官。

孔子又動心了。

子路再一次出場：「從前我聽你說過：有壞人壞事的地方，君子是不去的。現在佛肸據中牟反叛，你卻要去，來，給個解釋。」

孔子像個氣球一樣漲得滿臉通紅，一看了路一臉不高興的模樣，又像洩了氣一般癟了下來。

「難道我就像個苦瓜一樣，中看不中用嗎？」

孔子失魂落魄，被吐槽一番，最終還是及時懸崖勒馬了。

可以說，公山不狃與佛肸，孔子不論去了哪一家，可能中國歷史就要改變了，不過幸好，每當到了關鍵時刻，子路總會出現，幫助孔子選到正確的答案。

孔子賦予子路知識與理想，而子路，回報給了孔子直率與忠誠。

（六）

幾年後，孔子當了官，成為了魯國的大司寇。

為了實現自己的政治藍圖，孔子迫切需要一個幫手。

他第一個就想到了子路。

孔子開辦學校時，設立了四個科系：德行、政事、言語、文學。

德行系，講究以德服人，學生主修思想品德課，在社會上，他們個個都是道德楷模，講文明、樹新風，是和諧社會的帶頭人。

政事系，顧名思義，就是關於政治的學問，學生擅長研究官場，深諳體制內的各種套路，學成後帶領人民大眾謀發展，成為人民的好公僕。

言語系，這個專業的學生個個都是嘴強王者，伶牙俐齒，一張嘴就把你說得團團轉，一開口套路一個接一個，讓你防不勝防。

文學系，這個專業的學生大多都是一些資深的文藝青年，喜歡詩詞歌賦、人生哲學之類的，很浪漫。女孩子找男朋友基本上都在這個系裡找。

……

子路，是政事系的學生。

當時魯國的執政是季桓子，是三桓之首，此時，他與孔子的關係尚且融洽，孔子希望子路從政，第一個想到的，就是走他的門路。

「能夠憑藉隻字片語就能判斷出案情的，在我見過的人中，只有子路能辦到！」

在孔子的大力推薦下，這個曾經的街頭小混混，終於步入了政壇，成為了季孫家族的首席大管家。

終於，曾經的魯蛇，逆襲了。

……

可是，沒過多久，孔子的「墮三都」計畫破產，三桓識破了孔子「抑大夫，強公室」的政治目的，季桓子首先發難，解雇了子路，並聯合其他貴族一起排擠孔子，將孔子邊緣化。

孔子當時決定周遊列國，但一時之間卻毫無頭緒，不知道自己該去哪兒。

這時候，子路跳出來了，拍著胸脯說：「咱們去衛國！」

為什麼要去衛國？

子路自有道理。

這牽扯到走後門的事。

哪個後門？別這麼色好不好，就是字面意思，因為子路老婆他哥朋友的朋友，正是衛國的國君衛靈公！

嗯，一點都不亂。

就這樣，孔子與一行弟子，駕著車離開了魯國，前往衛國尋找機會。

在途中，子路問：「老師，如果衛國國君讓您治理國家，您打算從哪裡入手？」

孔子想也不想，說：「肯定是先正名了！」

「咦——」子路一臉嫌棄的表情，「這也太迂腐了。」

「啊呸！你個野蠻的笨蛋。」

　　孔子正陶醉呢，被子路這欠揍的噓聲差點沒閃了老腰，火大地說：「對自己不懂的事，就別亂發表意見！來來來，劃重點了，為什麼要正名呢？名分要是不正，你肯定心虛，說話都不順暢，說話不順暢，畏畏縮縮的，辦起事情來肯定辦不成，事辦不成，什麼興禮樂、執刑法全部都是扯淡，刑法都沒了，老百姓豈不是連手往哪兒放都不知道了！？」

　　孔子的理論，說白了，就是辦什麼事，都得有個名分，所謂師出有名。

　　比如，你很想打一個人，你要是說「不為什麼，我就是看他不順眼」，那肯定沒幾個人願意幫你。

　　可是，假如你說，「這個人拿國旗當衛生紙來擦屁股」，瞬間就可以一呼百應，拉起一堆人跟你走，非把對方打成豬頭才行。

　　這就叫正名！

　　不論是做事還是吵架，先占據道德的制高點準沒錯，否則就只能被動。

　　聽到這裡，子路一愣，這說得好有道理，我竟無法反駁。

　　孔子驕傲地哼了一聲：你老師永遠是你老師。

　　臭小子，你要走的路，還長著呢。

（七）

　　一行人到了衛國，孔子見到了衛靈公。

　　孔子：「我們要仁者愛人！」

　　衛靈公塞住耳朵：「不聽不聽，王八念經。」

孔子：「我們要克己復禮！」

衛靈公看向天邊的大雁：「不看不看，母雞下蛋。」

孔子：「……」

衛靈公對孔子很客氣，但並沒有任用他的意思。

孔子很沮喪，感覺天塌地陷，可是，生活為他開了一扇窗。

南子聲稱是孔子的粉絲，想見他。

南子是誰？

南子，是衛靈公最寵愛的夫人。當時，衛靈公基本不理朝政，反而對南子言聽計從，所以只要有南子的保舉，孔子就有希望在衛國獲得重用。

然而……

南子是出了名的水性楊花，早年就和一個叫公子朝的男人做了一些不可描述的事，後來南子嫁到了衛國，成為了國君夫人，卻依舊不改風流本性。

孔子打算去見南子，學生們幾乎是全體反對。

但只有子路一個人敢站出來。

子路氣呼呼地瞪著孔子，臉上寫著不高興。

子路：「不准去！就是不准去！」

孔子實在不想錯過機會了。

他指天發誓：「我要是做了什麼不該做的事，天打雷劈！」

他還是去見了南子。

子路忿忿地跟在孔子後面，然後看到了很神奇的一幕。

……

孔子與南子中間隔了一道帷幕，南子曼妙的身姿若隱若現，偶爾，孔子還能聽到南子身上首飾、玉佩的乒乒聲。

一番談論下來，南子對孔子沒有任何興趣。

這很正常，一個網紅主播和國學大師，有什麼好談的？

我們還原一下當時的聊天場景。

南子：「孔先生，您覺得我漂亮嗎？」

孔子：「不好意思，我這個人臉盲。」

南子：「什麼？」

孔子：「就是說，我來見你，不是因為你長得漂亮，因為我根本就不知道你長得漂不漂亮。」

南子心裡陰影面積擴大：「咳咳咳～」

孔子：「你喉嚨不舒服？要不要喝點白開水？」

南子：「……」

南子試圖挽救話題：「小女子如今特意拋頭露面來見先生，先生感動嗎？」

孔子：「不敢動，不敢動。」

南子：「……」

……

孔子小心翼翼地問：「想了解一下這本《周禮》？」

南子牙齒咬得直癢癢：「您會不會聊天啊？」

孔子：「聊天？我會啊，子曰……」

南子忍無可忍：「不約，我要去洗澡了。」

孔子：「……」

就這樣，我們的鋼鐵直男孔子又一次錯失了機會。

（在後面的子路快笑癱了）

……

孔子垂頭喪氣地回了家。

不久，有一件關於南子的風流韻事傳遍了衛國大街小巷。

南子因為思念老情人公子朝，就對衛靈公撒嬌賣萌，說想和公子朝見一面。

衛靈公作為一個寵妻狂魔，居然答應了！

難不成要想生活過得去，頭上就得頂點綠？

孔子表示不能接受，衛國的廣大人民也表示不能接受。

別急，更無法接受的還在後頭……

衛靈公不但看得開，促成了嬌妻給自己戴了頂綠帽子，而且還好人做到底，把情敵給拉到衛國來，予以重用。

孔子的世界觀崩潰了。

自己辛辛苦苦周遊列國，歷經千辛萬苦，都沒有得到重用，公子朝一個吃軟飯的，就撩了一個妹子，居然都可以步入衛國政壇，這真是人比人氣死人啊！

於是孔子再一次悲憤地說：「這年頭，沒有 EQ 和顏值，根本沒法在社會上混啊！」

這也不算完，頭頂青青草原的衛靈公似乎依舊無知無覺，還駕著車和南子一起招搖過市。

孔子歎氣：「我沒見過誰喜歡道德超過喜歡美女的。」

子路趁機建議，「咱們還是溜了吧，這樣的國家，不趕緊走還留下來過年嗎？」

孔子牙一咬，好，走。

於是，師徒一行人離開衛國，再次踏上了漫漫長路。

（八）

孔子周遊列國，一次又一次碰壁，一次又一次被拒絕，這一行懷揣理想的旅人，望不見路在何方，只能渾渾噩噩負重前行。

子路都在看在眼裡。

子路也曾懷疑過老師選擇的道路，在師徒一行人落難陳國，糧食斷絕的時候，看到大家餓得面黃肌瘦，子路忍無可忍地衝到孔子面前。

「君子也有走投無路的時候嗎！？」

這不是疑問，是質問。

我們懷著家國天下的理想，為此不惜勞苦、艱辛奔波、顛沛流離，可是明明付出了這麼多，最終卻是逐於魯、棄於衛、卻於晉、險於宋，被困於陳蔡之間！

上天究竟回報了我們什麼？

既然好人沒有好報，為什麼要選擇當好人？

孔子沉默，好久好久，他才開口：

「君子固窮，小人窮斯濫矣。」

現實本來就是殘酷的，從來不會對任何人溫柔。

可是……

世界以痛吻我，君子報之以歌。

小人只會自怨自艾、自暴自棄、反社會、反人類，將周圍的人傷害到遍體鱗傷，然後不負責任地大喊：錯的不是我，而是這個世界。

其實，是否善良，只是一種選擇。

可無論如何選擇，都與現實無關。

既然無關，又怎麼會對你網開一面？

捷克前總統哈維爾說：「我們堅持一件事情，並不是因為這樣做了會有效果，而是堅信，這樣做是對的。」

僅此而已。

那麼子路。

你想當君子，還是小人？

（九）

有一次，子路走丟了。

子路一個人走在後面，不知怎麼的，與眾人失散。

天色泛黃，他心裡發慌。

這時，他忽然看見一個在田間工作的老農夫。

子路十分開心，連忙跑過去問：「老丈，您有沒有看見我的老師？」

老農夫問：「你老師是誰？」

子路說：「魯國的孔丘。」

老農夫的臉一下就陰沉了下來，冷冰冰地說：「四體不勤、五穀不分，這叫什麼老師？」

說完，老農夫不管子路，繼續耕種。

子路有點尷尬，左看看、右看看，只能絞著手指，恭恭敬敬地呆立在一旁。

天色漸漸黑了，老農夫被子路傻乎乎的樣子弄得哭笑不得。

他招呼子路去他家裡做客，還殺了家裡的雞，盛情款待了子路。

第二天一大早，子路起行，趕上了大部隊，便將這件事給孔子說了。

孔子聽完後，說：「這是個隱士，快快快，你趕緊去見他，向他請教。」

子路一聽，連忙應是，可原路返回後，哪裡還能見到老農的影子？

子路在田野間等了好久，都沒有等到，太陽已經漸漸西斜，老農夫依舊不見蹤影。

他抬起頭，看著昏黃的天，像是對天地說、對老農夫說，又像是對自己說：

「逃避，是不對的。」

「君子選擇這條路，是因為道義，至於這條路走不通，我早就知道了……」

周遊列國，子路在乎的從不是終點。

而是沿途的風景、踏過的腳印、還有同行的人……

（十）

陳蔡之間的困境，徹底擊碎了孔子的雄心壯志。

他決定退而求其次，將自己的理想託付於下一代。

有一次，子路、曾皙等學生陪著孔子聊天。

孔子問：「你們別因為我年紀比你們大，就不好意思。你們平常總喜歡說『沒人了解我』，那麼我問問，如果有人了解你們，任用你們，你們打算怎麼做？」

「我我我我我……」子路搶先發言，「一個小國，處於兩個大國之間，外有強敵、內有災荒。只要讓我去治理，保證三年之內，脫胎換骨，國家足兵足食，人民安居樂業！」

孔子露出了蒙娜麗莎般神秘的微笑。

等到同學說完志向，一個接一個離開，只有曾皙留了下來，問：「老師，您覺得大家都說得怎麼樣？」

「挺好的，都說出了自己的志向。」

「那您幹嘛要笑子路？」

「你入學比他早，可這小子卻搶先發言，一點都不懂禮讓，說話還一點都不謙虛，所以我笑他。」

曾皙想了想，子路每天一副粗線條的模樣，也忍不住偷偷笑出了聲。

不久，子路的才能被衛國權貴看中，受到邀請出任蒲地宰。

孔子看著有了出息的子路，十分欣慰。

子路在上任前，專門跑來向老師請教如何做官。

孔子：「你上任以後，不論想幹什麼，都要以身作則，想讓

老百姓做什麼，你就得自己先帶頭做在前面，明白嗎？」

「這樣就行了？還有嗎？」

「就這樣做，然後堅持下去就行。」

……

蒲地是衛國的兵源地，民風剽悍，當地的百姓個個只認拳頭不認理。

換做其他人，治理這樣的地方簡直讓人腦袋大，可換做子路，反而剛好對胃口。

子路也是個豪爽的人，和蒲地粗獷的百姓們的價值觀一致，大家共同語言比較多，再加上子路按照孔子的教導，一旦有事，他喊的永遠都是「兄弟們跟我上」，而不是「兄弟們給我衝」。

很快，蒲地的一切都欣欣向榮。

有一年農閒，子路徵集百姓們興修水利，這在當時，屬於勞役，完全是義務活動，沒薪水可拿。

子路為了減輕大夥兒的負擔，自掏腰包，給百姓們報銷了伙食費。

一時間，百姓們紛紛讚揚子路，一傳十、十傳百，子路聲名大噪。

消息傳到孔子耳朵裡。

孔子沒有欣慰，而是驚出一身冷汗。

他連忙讓子貢去阻止子路。

子路不解，大吵大鬧：「為什麼？我做錯了什麼？！」

孔子問：「你是不是以為自己做了好事？」

子路納悶：「難道不是？」

孔子又問：「你這樣做，人人都念你的好，你把長官放在哪裡了？長官會怎麼想？」

子路不說話了。

他知道自己的行為已經讓長官難堪，若不是老師及時制止，恐怕會鑄成大錯。

子路倔強地說：「可是老百姓實在太辛苦……」

孔子說：「如果你真的可憐百姓，也應該按照規矩，向長官請示，讓國家出這個錢，而不是自行其是，懂嗎？！」

子路點了點頭，卻還是氣呼呼的。

孔了只有苦笑。

江山易改，本性難移，對子路的性格，他始終不放心。

一次，孔子與幾位學生坐在一起聊天，閔子騫恭恭敬敬，冉有和子貢二人談笑風生。

只有子路一副仿佛屁股上有刺的模樣。

孔子開玩笑：「像仲由這樣的，怕是不得好死吧！」

卻不想。

一語成讖。

（十一）

衛國爆發了政變。

整個國家已經陷入混亂之中。

子路當時已經離開了都城，完全可以置身事外。

可是他聽說自己的主君被困的消息後，並沒有選擇離開。

他選擇了回去。

可以，這很子路。

可他已經六十二歲了，不論年輕時多麼的勇猛，歲月不饒人……

要是在以前，對戰兩個士兵，他是完全不放在眼裡的，隨手抄起一把擀麵棍都能打爆他們……

可如今早已力不從心。

子路被亂刀砍倒在地，帽子掉在了地上。

他清楚，自己今天是死路一條了。

「君子死，冠不免。」

這是子路留在人生中的最後一句話。

人倒勢不倒，襪子爛了鞋要好……

人就算是死，也別死得太難看……

隱約間，他好像還是那個在街邊收保護費的古惑仔。

又好像不是？

他用顫抖的手戴上了帽子，重新繫好了帽帶。

那兩個士兵已經走了上來，將他砍成了肉泥。

好不容易繫好的帽子，又掉落在骯髒的地上。

「君子尚勇乎？」

「君子義為上。君子有勇而無義為亂，小人有勇而無義為盜。」

……

老師，您說的話，我都記得啊。

曾經那個只尊崇「勇」的山雞，因為「義」，成為了陳浩南，所以，他沒有逃跑……

因為這一句話，子路成為了君子。

也因為這一句話，子路不得好死。

（十二）

衛國內亂的消息，傳回了魯國。

孔子聽說後，喃喃自語：「子路怕是回不來了。」

他知道，那個人不會逃。

沒有誰比他更了解子路。

不久，子路戰死的消息果然傳來。

誰能想到，當年那個曾經一見面就欺負孔子的莽夫，最後選擇了正冠就死。

得知消息的孔子愣了半晌，整個人越發蒼老。

他清楚知道，那個永遠保護他、信任他、跟隨他，就算被他臭罵也會樂呵呵的子路，已經不在了。

永遠不在了。

……

「老師，我來給你祈禱吧。」

「有用嗎？」

「有啊，《誄》上都說了：『為你祈禱上下神明』呢。」

「傻孩子，我已經祈禱很久了。」

子路都六十歲的人了，可在他眼裡，永遠都是那個傻乎乎的子路。

最關心他的子路。

……

自己重病，所有人都以為自己可能不行了，子路千里迢迢從衛國趕回來，用大夫的禮儀給自己治喪。

等自己病好了以後，感到好笑又好氣，只能板著臉把這個白目的傢伙給臭罵了一頓。

……

「如果我的學說走不通了，咱們倆就泛舟去海上吧。」

孔子曾經這麼跟他說過。

記得當時他笑得很開心。

孔子誇過那麼多人，只有誇他的時候，他最開心。

可再也看不到他的開心了。

看不到了……

孔子是個吃貨，可後來聽說，子路死的時候被人剁成了肉醬，他就再沒碰過醢。

第三章

顏回：一個安靜的美男子

（一）

——唉，你還記得那個誰嗎？

——誰啊？

——就是當年我們班上功課最好的那個……那個叫什麼來著？

……

每個班級裡，都有這樣的學生。

他們成績優異，智商超群。

他們性格乖巧，溫文爾雅。

上課提問，別人低下頭誠惶誠恐，恨不得直接隱身，而他們卻敢直接面對老師的眼神，一臉淡定。

老實說，這是我難以理解的心態。

下課鈴響，別人一溜煙奔向操場，他們卻拿起課本深思：這個方程式還有沒有第四種解法？

老實說，這是我難以理解的行為。

在他們的生活中，處處充滿了表揚、誇獎、鮮花、掌聲……

老師和家長，更是對他們讚不絕口。

他們就是別人家的孩子。

同時，也是我們從小遇到的最大天敵。

只是——

多年以後的同學會，每個人都能意識到，曾經有過這麼一個人。

但就是想不起到底是誰。

……

顏回。

就是這樣的人。

（二）

一大早，一個不速之客出現在了孔子的家裡。

不速之客六十來歲，長得高大粗獷，一看就是老實了一輩子的漢子。

他看著孔子，孔子也看著他。

兩人對視半天，相顧無言。

半晌，終於還是孔子開口打破了尷尬：「顏路，你來幹什麼？」

顏路，是孔子最早的一批學生。

他還有一個身分——顏回的父親。

幾天前，顏回病逝了……

顏路紅著眼睛，這幾天顯然一直都在哭，直到此刻，身體還

在顫抖。

他說：「老師，今天來就為了一件事。」

他深深吸了一口氣，吐出來一句話：「我想請您賣掉車子，給我兒子顏回買一個槨（棺材外面的套棺）！」

什麼！？

你說什麼！？

孔子瞪大了眼睛，一時沒有聽懂這個消息。

依據《周禮》，不同身分的人死後，下葬用的棺槨是不同的。

棺，就是最裡面放屍體的棺材，木製的，比較薄，精緻。

槨，就是棺材外再套上的那一層，石製的，比較厚，實在。

按照當時的規矩，天子棺槨七重、諸侯五重、卿大夫三重，士兩重。

顏回的身分，是平民，只配有棺材，槨是不可能的。

後世學者為了美化顏回的身分，總說顏回是士，可缺乏依據。

實際上，顏回是孔子母親的族人，孔子母親是平民，顏回憑什麼是士？

所以，顏回是平民的可能性，要更大一些。

顏路要讓孔子用一棺一槨的規格安葬顏回，違反了《周禮》。

孔子無法接受。

哪怕顏回是他最喜歡的學生……

孔子說：「我的兒子孔鯉死的時候，也是有棺無槨，我也沒

有賣掉車給他買槨啊。現在我也是一個大夫的身分，按照周禮，出門是不能步行的。」

孔子拒絕了顏路。

他沒有說你兒子身分不配用槨，因為他也愛著顏回，這話他說不出口。

所以，他用了一個自私的回答：我要用車，不能賣。

顏路拂袖而去……

看著顏路的背影越來越小，消失不見，剛才還一臉冷漠的孔子，忽然好像失去了力氣，頹然地跌坐在地上。

他想顏回了。

他流淚了……

他佝僂著，眼淚劈哩啪啦往下掉，哭得肝腸寸斷。

自己真不是東西，顏回追隨了自己一輩子，可是他死了，自己居然無法厚葬他。

一個學生恰好路過，看到了這一幕。

這個學生告訴了其他同學們……

學生們議論紛紛，終於，大家一致決定：我們一起湊錢，厚葬顏回學長！

大家籌夠了錢，一個學生告訴老師：「老師，您別傷心了，我們大家湊夠了錢，可以厚葬顏回學長了。」

孔子拒絕，這樣不合禮制！

這次，學生們沒有聽老師的。

他們背著老師，用一棺一槨的規格隆重地安葬了顏回學長。

紙包不住火，孔子聽說了。

他喃喃自語：「顏回把我當父親一樣看待，我卻不能把他當兒子一樣看待……」

他也想厚葬顏回呀……

終於，他釋然了：「這可不是我的過錯，是那些臭小子們幹的。」

他說這句話的時候，是笑著的。

（三）

一開始，我並不知道應該如何敘述顏回的故事。

用李零、易中天等學者的說法，顏回是一個沒有性格的人。

雖然他被稱之為孔門第一聖徒，地位超然，凌駕其他學生之上，可恰恰是這樣，他才不好寫。

所有記載顏回的書籍裡，顏回都是一副不食人間煙火的模樣，與我們這些凡夫俗子判若雲泥。

他境界高超，隨便開口就是名言金句，他性格淡然，微微一笑就是心靈雞湯，舉手投足間，都有一種與眾不同的特立獨行。

這樣一個人，裡裡外外都透露著一個詞：沒勁！

這樣一個沒勁的人，怎麼寫？

總不能一大章，都給大家講顏回那些華而不實的大道理吧？

為此，我苦惱了許久……

終於，我思索出了一條路徑。

我在想：為什麼顏回會這麼沒勁？

我相信，這個世上有少年老成的人，但我絕不相信，有生而為神的人。

就如同，我曾經一談起孔子，就覺得這個人是一個脫離了低級趣味的大聖人，如同神明一般的存在，我們只好俯首仰望；可是當我真的開始接觸史料，卻發現，孔子是一個超級可愛的老爺爺！

所以，我盡力想明白，真實的顏回，是一個怎樣的人，哪怕他這個人很沒勁，我也想明白，他為什麼會沒勁？

與後世美化孔子一樣，我發現作為孔門 NO.1 的顏回，也被後世化了妝，所以，在諸多史書中，顏回的形象千變萬化，讓人摸不著頭腦。總而言之，言而總之，就給人一個感覺——這個人好厲害的樣子。

那麼，我就盡力拋棄其他史料，盡量從最原始的《論語》中，尋找一個真實的顏回。

請搬好板凳，拿好爆米花，現在，我來給大家講述顏回的故事……

……

顏回，字子淵，比孔子小三十歲。

顏回的父親叫顏路，也是孔子的學生，他們父子二人同拜一師，就像《火影忍者》裡鳴人與四代都拜了自來也為師一樣。

考慮到孔子的母親也姓顏，故而有學者推斷，顏回應該是孔子母親的族人，所以他們一家才都會到孔子這裡來學習，因為有一點親戚情分。

十四歲那年，小顏回背著書包上學堂，成了孔子的學生。

顏回性格靦腆，會害羞。

在入學初期，顏回上課雖不打瞌睡，但也不舉手發言，只是默默記筆記，像個悶葫蘆。

孔子懷疑：這孩子，難不成是個白癡？

顏回當然不傻，他只是個羞澀的小男生。

孔子講的知識，他早就融會貫通，而且活學活用，可以在生活中體現出來。

時間一長，孔子發現了。

他恍然大悟：顏回這孩子，一點兒都不傻。

（四）

顏回真正的理想是什麼呢？

沒人能明白，也沒人去關心。

後世對顏回極盡美化，將他的理想無限上綱，什麼社會和諧、天下太平、地球安定、宇宙永恆……

好偉大，但也好虛無，似乎很符合顏回愛講大道理的形象。

可那真的是顏回的理想嗎？

我認為，顏回的理想，並沒有那麼崇高。

他最大的理想，其實不過是餵馬、劈柴、周遊世界，關心糧食和蔬菜。

他只是一個隨遇而安的佛系男生。

……

他原本可以活得很輕鬆。

可是父親與老師卻把千斤重的期望壓在了他的肩頭，逼著他負重前行。

顏路說，你要好好學習、天天向上，將來做大官、發大財！

孔子說，你要克己復禮、仁者愛人，將來做君子、興禮樂！

他們從沒有問過：顏回願意嗎？

可顏回實在太善良了，善良到不知道如何拒絕。

他無法對父親與老師眼中的期待說不，他就是那麼善良。

對父親與老師的要求，他默不作聲地全部接受。

哪怕那並不是自己想要的。

他真的很懂事。

……

顏回的家很貧窮，所以他只能棲身在窮街陋巷，過著一簞食、一瓢飲的困苦生活。

換做別人，抓蝨子都來不及。

可他總能靜下心來，廢寢忘食地讀書。

一邊讀書，順便拍死幾隻蟑螂。

孔子太喜歡他了，說：「賢哉，回也！」

孔子問學生，你們理想中，未來的藍圖都是什麼？

子路與子貢爭先恐後回答，只有顏回默默無語。

他不願意說，因為他的藍圖很簡單：面朝大海，春暖花開。

可老師看向他的眼神中，明明有著一份沉甸甸的希望。

怎麼能讓老師失望？

他想了想，說：「我想輔佐一位明君，讓天下再也沒有饑餓與戰爭。」

孔子笑了，欣慰地笑了。

顏回卻只能苦笑。

他真是這麼想的嗎？

不知道，但他知道，老師喜歡自己這麼說，這樣說老師會開心。

至於自己的真實想法，根本無關別人痛癢。

或許，他也曾在言語中透露一二。

那是有一次，孔子問他志向的時候。

顏回說：「願無伐善，無施勞。」

翻譯過來就是：

「我只想當個安靜的美男子。」

（五）

顏回背負了太多太多……

他拋卻了本心，迷失了自我，為了父親和老師，而不是自己。

從孔子的視角來看，顏回宵衣旰食、刻苦學習，對他講的話向來言聽計從，誰不喜歡這樣的學生？

他感慨：「能聽我的話，毫不懈怠的，恐怕就顏回一個人

了。」

說完，他看了看教室。

子路正在和同學摔角、子貢正在和大家吹牛打屁、宰我正趴在桌子上呼呼大睡、冉有一臉面癱，似乎正在神遊天外……

他重重嘆了口氣。

心累……

要是大家都像顏回一樣就好了。

可孔子卻不知道，在所有學生中，顏回是活得最累、也是最痛苦的那個人。

……

顏回主修的是德行系。

我們之前講過，這個專業的學生，大都性情溫和、品行高尚，個個都是社會上的道德楷模。

德行，修的是境界。

在孔子這裡，人的境界分為四等：聖人、仁人、君子、小人。

孔子是什麼境界？

大多數人一口回答：聖人！

孔子要不是聖人，還有誰敢叫聖人？

然而，孔子被封為聖人是在他死去之後，至少在孔子活著的時候，他說：「聖人與仁人，我可達不到。」

在他口中，最多承認自己算個君子。

他的教學目的，就是把學生們個個都培養成君子，然後努力

升級到仁人，至於聖人……還是不要想太多的好。

在境界的修行中，德行系的學生是有先天性優勢的。

孔子認為顏回是君子。

所以，作為德行系課代表，顏回的目標是仁人。

沒有人關心顏回自己是否想達到仁，但孔子關心。

顏回明白孔子的想法。

所以他不意外地問了：「老師，我怎樣能做到仁？」

對於這個回答，不同學生問、不同時間問，孔子都有不同的答案。

孔子給顏回的答案，是自己的最高標準：「克己復禮。」

這是儒家最早的核心思想，克制自己的私慾，按照《周禮》的規定，約束自己的一言一行。

只要人人都可以這樣做，天下都可以步入仁治社會。

顏回不好意思地問：「聽起來挺美好的，可是……具體我該做什麼？」

孔子繼續言辭侃侃：「非禮勿視，非禮勿聽，非禮勿言，非禮勿動。」

簡而言之：《周禮》怎麼說，你就怎麼做。

顏回摸了摸鼻子：「好吧。我雖然笨，也會盡力去嘗試的。」

這句話絕對孔子不會對其他學生講。

因為講了也沒用，他們根本就不會聽。

只有顏回會聽，因為他是個身不由己的演員，一切都為了他

人而表演。

一切都按照《周禮》去做，這點明明連孔子自己都做不到。

所以孔子自始至終不敢承認自己達到了「仁人」的境界。

但顏回竟然達到了……

沒人知道，顏回對自己的天性做了怎樣的手術，才能讓自己的品行比孔子還要完美。

他不懂如何去做自己。

他只想讓周圍的人都開心一點。

所以說，顏回是一個沒有性格的人。

他怎麼可能會有性格？

他只是為了身邊無數的觀眾，把原本的自我殺了。

然後強行塑造了一個大家都喜歡的自己。

這個自己，很完美，但也很虛無。

原來，在人生的這條道路上，顏回早就已經迷路了。

（六）

在孔子眼裡，顏回的境界高，熱愛學習，還很刻苦。

幸福來得太突然，自己竟然收到了這麼神奇的學生。

孔子開心地曰：「顏回可以永遠做到仁，其餘的學生只能在短時間內達到仁而已。」

他以往評價仁人，大多是已經作古的先人，唯獨這個例外：顏回。

孔子承認，這是個比自己還要優秀的孩子。

孔子死後，被封為「聖人」，他的學生們也紛紛水漲船高，成了「半聖」。

顏回卻不一樣……

他竟然與孔子的「至聖」齊名，也一躍達到了「聖人」的境界，號稱：復聖！

他是三千弟子之首、七十二賢人之首、孔門十哲之首、儒家八派之首、配享四聖之首……

簡直完美……

孔子想，如果所有學生都能像顏回這樣，那該多好。

他經常對其他學生說：「看看顏回，我看見他不斷進步，從來沒見到他停止過。」

然後給全班灌輸：知道世界上最可怕的事情是什麼嗎？就是比你們優秀很多的人，還比你們更努力！

顏回成了全班的榜樣。

大夥兒不服氣，認為顏回這個傢伙，虛偽、假正經！

幾個皮一點的同學，決定整一下顏回。

全世界都知道顏回家裡窮，所以，他們在顏回的必經之路上，扔了一錠金子。

他們想看看顏回會不會撿起來。

原本是個很完美的計畫。

可惜這幾個孩子裡有一個智障。

他大概覺得這個整人計畫沒有意境，所以他想浪漫一點，於

是在金子上面寫了一行字：天賜顏回一錠金。

他大概覺得這樣就圓滿了，自己文青的內涵也表現了出來……

這孩子可能不只是腦袋有問題。

……

幾個學生蹲在草叢裡，靜靜等待顏回過來。

顏回果然來了，看到地上的金子。

也看到了那一行字……

此地無銀三百兩？這一看就知道是整人的，整的還毫無技巧可言。

顏回微微一笑，在金子的另一面寫上：外財不發命窮人。

然後將金子放回原地，揚長而去，留下幾個同學在草叢裡念天地之悠悠、獨愴然而涕下。

（七）

有人的地方，就會有江湖。

孔子對顏回的青睞，自然引起了其他學生的嫉妒與不滿。

這其中，就有子路。

子路跟隨孔子時間最早，也最忠心。

想當年，子路是曲阜城的街頭霸王，名聲響噹噹。

自從有他護衛孔子，小混混們再也不敢來找孔子的麻煩，就連說孔子的壞話，都只敢在私下說。

不然要是被子路發現了，挨揍只是剛好。

自認為與老師關係最鐵的子路，看到孔子如今對顏回如此欣賞，心頭難免有些不是滋味。

子路嘀咕，以前老師明明最欣賞我的……

有一日，孔子與子路、顏回三人在室內聊天。

孔子對顏回說：「用我呢，我就去做，不用我呢，我就去隱居起來。這一點，恐怕只有你和我能做到。」

千萬言語，匯成一句話：你跟我真像。

顏回謙虛地笑了笑，並不在意，可一旁子路卻坐不住了。

子路入學早，這些年沒功勞也有苦勞，就沒聽老師這樣說過自己。

子路不服氣：「老師，假如你要領兵打仗，你會選擇帶上誰？」

子路想，顏回是個只會學習的天然呆，哪裡會打仗呢？關鍵時刻，您還不是得靠我？

子路以為孔子會說帶他。

卻不想孔子白了他一眼，說：「有勇無謀的莽夫，我是不會帶的。」

子路痛心不已：「……」

……

作為一個自癒能力超強的顏回，對於子路的敵視，他自然有辦法不動聲色化解。

有一回，子路與顏回一同去洙水洗澡。

露天的……

一隻五彩繽紛的鳥兒，在河水上嬉戲，嘰嘰喳喳，吵吵鬧鬧。

顏回問子路：「這是什麼鳥？」

子路一聽，開始賣弄：「嘿，不知道了吧？這叫熒熒鳥。」

「喔。」顏回默默記了下來。

過了幾天，二人又去泗水洗澡。

還是露天的……

又在河中碰見那只五色繽紛的鳥，嘰嘰喳喳，嬉笑吵鬧。

顏回又問子路：「還認得這鳥嗎？」

子路早忘了上回那次的事了，不假思索就說：「這叫同同鳥。」

顏回一呆，等等，上次不是說這叫熒熒鳥嗎？

顏回問：「一種鳥還有兩個名字？」

子路一怔，這才想起了上次那件事。

完了，穿幫了……

為了不被扣上不懂裝懂的帽子，子路臉不紅氣不喘地解釋：「那個……就跟我們國家出產的絹一樣嘛，用清水洗就叫帛，用顏色染就叫皂，一種鳥兒有兩個名字，有什麼奇怪？」

顏回當然知道子路在強詞奪理，可表面上卻表現出驚訝的神情：「學長，您真博學。」

子路臉上紅了紅，心想，這小鮮肉雖然有點悶騷，但嘴還挺甜的。

他忽然發現，這個小學弟還是挺可愛的。

顏回輕笑，他只是無欲無求、不爭不搶，所以退一步海闊天空。

所以，在顏回的包容下，同學們漸漸認同了顏回，而顏回也成為了一個黏合劑，將同學們牢牢團結在了一起，後來孔子感嘆：「自吾有回，門人日益親。」

記得周國平（中國著名學者、作家）說過：「人生最美好的境界，是豐富的安靜。」

我認為，這是對顏回一生最好的注解。

（八）

孔子周遊列國，顏回也相伴身側。

一路餐風露宿，有些學生信念動搖、離開了孔子，還有些學生心中懷疑、選擇了冷眼旁觀。

只有顏回一個人，從始至終，矢志不渝。

只是，在漫長且艱辛的路途中，子路可以保駕護航，子貢可以出謀劃策，宰我可以插科打諢，而顏回就顯得不那麼重要。

這點，顏回也有自知之明。

他盡力不讓自己成為大家的累贅，總是走在最後，沒有任何存在感。

在匡地，孔子一行因為誤會，遭到當地居民的圍攻，被困了五天五夜，所有人險些喪命。

眾人好不容易逃出，走了一段路，突然發現。

顏回不見了！

孔子眼睛急得快紅了，捶胸頓足地讓學生們趕緊去找。

找了一圈兒，沒找到。

孔子哭了，蹲在牆角撕心裂肺地嚎哭：「顏回——」

一個身影出現在他面前，是顏回。

他自個兒回來了。

孔子哭：「顏回——」

他涕泗橫流：「嚇死我了，我還以為你已經死了。」

顏回說：「老師您還沒死，我怎麼敢死呢？」

孔子差點給鼻涕噎死。

……

老實說，我不是很理解顏回的這一句話。

个知道是不是我和歷史學家們的思維不一樣，我總認為，顏回這句話似乎有點罵人的嫌疑。

我一直都想不通。

直到有一天，我看到了一篇文章，才恍然大悟，明白顏回這句話究竟是什麼意思。

……

顏回，是一個善於理解他人的孩子。

有一年，孔子在衛國，一日早起，聽見外面有人哭。

他不知道發生了什麼事，顏回剛好在旁侍奉，他就問顏回：「外面的人怎麼哭得這麼傷心？是有人去世了嗎？」

顏回閉著眼睛聽了聽，語氣有些傷感：「這哭聲，有點像恆山的鳥。」

「蛤？」

孔子嘴巴張成「O」型，他沒懂顏回什麼意思。

顏回說：「桓山的母鳥，生了四隻小鳥，小鳥長大了，都要飛向遠方，母鳥悲鳴著為小鳥送行，因為它們飛走以後就再也不回來了，而外面的哭聲，與母鳥的哀鳴很像。」

孔子半信半疑地派人去打聽。

這才知道，外面那戶人家的父親死了，家裡沒錢，只好賣掉兒子來埋葬父親。

剛才外面是在和兒子送別呢。

孔子有些震驚地看著顏回。

顏回依舊呆得很天然。

原來只有顏回，這個捨棄了自我，一心只為了別人而度過人生的孩子，才能聽懂他人的悲傷。

孔子說：「顏回，你是個善於理解別人的孩子。」

所以，只有顏回，能理解孔子內心的孤寂。

在周遊列國的途中，孔子遇到了無數辛辣的嘲諷、不屑的白眼、玩味的譏笑，以及冷漠的拒絕……

這個時代，不理解孔子。

在陳蔡之間的困境中，連他最親近的弟子，子路與子貢都不禁對孔子產生了懷疑。

但只有顏回，始終選擇相信孔子。

只有顏回，能理解孔子……

所以，顏回說：「老師您還沒死，我怎麼敢死呢？」

我怎麼能讓你一個人，獨自面對這個世界的殘忍？

（九）

在陳蔡之間，一行人絕糧餓了好幾天。

子貢憑自己三寸不爛之舌，換了點糧食。

大夥兒讓顏回去做飯。

過了一陣子，子貢去看飯熟了沒有，卻發現了令人震驚的一幕：顏回居然在偷吃！

子貢又是驚、又是氣。

他心想：好啊，你這小子平時在大家面前斯斯文文、人模人樣的，搞了半天就是個道貌岸然的偽君子，哪裡有好學生的樣子？

子貢沒有驚動顏回，而是偷偷跑回去，向孔子打小報告。

孔子不信，說：「你把顏回叫來，我來問問他。」

子貢把顏回叫了過來。

孔子試探：「顏回啊，前幾天我夢見祖先給我托夢了，你把做好的飯拿進來，我要把它進獻給祖先。」

顏回說：「老師，那飯已經不能祭祀祖先了。」

「為什麼？」

顏回解釋：「是這樣的，剛才在做飯的時候，有灰塵掉進飯

裡了。如果不管，飯髒了，如果扔掉，又可惜。所以我就把髒的部分吃掉了，等會大家分飯的時候，我就不用吃了。」

孔子笑了，誇獎了顏回，意味深長地看了子貢一眼。

「我對顏回的信任，不是從今天開始的。」

子貢的臉青一陣、白一陣，恨不得找個地洞鑽進去。

從此，子貢對顏回的人品再無懷疑。

有一回，孔子問子貢：「你和顏回相比，誰好一點？」

子貢：「我怎麼敢和顏回比呢？顏回可以舉一反十，我最多就是舉一反二罷了。」

孔子哈哈大笑：「是比不上他啊，我和你都比不上他。」

（十）

十四年周遊列國的生涯結束，孔子再也沒有挑戰現實的精力了。

他決心將自己未竟的理想，交給下一代完成。

他最看好的，就是顏回。

他曾經問顏回：「你家裡窮，為什麼不去做官？」

顏回說：「我不願意做官，雖然我家裡窮，但至少能溫飽，我覺得跟您學習比較快樂。」

對於老師，顏回發自內心地崇拜。

他說：「仰之彌高，鑽之彌堅。瞻之在前，忽焉在後。夫子循循然善誘人，博我以文，約我以禮，欲罷不能。既竭吾才，如有所立，卓爾，雖欲從之，末由也已。」

轉換成白話文就是：

「我老師的學問，我越是仰望越覺得高，越是學習越覺得深，老師循循善誘，用知識把我撩得欲罷不能，我一不學習就難受。老師就像一個佇立在我面前的身影，我就算想追隨，也不知道自己有沒有資格啊——」

我要是老師，遇見一個這麼會拍馬屁的學生，我也喜歡啊。

孔子決定，將自己的衣缽傳給這個學生。

自己未能到達的彼岸，由他代替自己到達，自己沒能走的路，由他代替自己去走。

可誰關心過，顏回到底怎麼想？

顏回太在意別人的感受，總是考慮別人，而忽略了自己的需求。

父親要求他學習，他學習，老師要求他做學問，他做學問……

史書上的他，是那麼完美無瑕。

因為他這一生，從來都不是為自己而活。

……

長期積累在心頭的壓抑，不斷重疊且無處發洩，才二十九歲的年紀，他的青絲盡為白髮。

不久……

他英年早逝。

真的是天妒英才嗎？

又或許，是老天也不忍再繼續看到顏回受折磨，所以讓他解脫了呢？

孔子愣愣地看著一臉安詳的顏回，面容依然恬淡、安靜。

「天喪予！天喪予！」

孔子不顧形象嚎啕大哭，像個孩子一樣，淚水漣漣。

學生勸慰：「您不要這麼傷心了，節哀順變吧。」

孔子說：「我很傷心嗎？我不為了他傷心，我為誰傷心呢？」

如果顏回泉下有知，看到這一幕，想必也會露出微笑。

為別人付出了一輩子，這份哀思，也算是對顏回的回報吧。

（十一）

顏回死後的第二年，有人在魯國的郊外獵了一頭野獸。

人們紛紛圍觀，卻都說不上來這頭野獸是什麼。

孔子也去看，他說：「我知道。」

他把這隻野獸的屍體帶了回去，妥善埋葬。

他說：「這個怪物是麒麟。」

麒麟是上古的瑞獸，只有明君在世、天下有道的時候，才會出現。

而如今麒麟出現，卻被殺死了。

被殺死了……

顏回啊，你又何嘗不像這隻麒麟呢？

孔子長嘆了一聲：「吾道窮矣！」

他停止了修撰《春秋》等書籍，而開始研究《易》，研究他

曾經「敬而遠之」的命運。

他選擇了逃避……

他越發地蒼老了，常常發呆，渾濁的眼裡，暗蘊著別人看不懂的悲傷。

麒麟死了，顏回死了。

他的夢，也死了。

魯哀公問：「您的學生中，有誰是最好學的？」

「有一個叫顏回的學生，他最好學，脾氣也好，從不對別人生氣，知道錯了就改，不會犯同樣的錯。可是他不幸死了，現在沒有那樣的人了，沒有聽說過誰是好學的。」

第四章

子貢：剽悍的人生不需要解釋

（一）

我有一個朋友，他曾經告訴過我，他有一個夢想。

他說，希望自己將來可以站在尖沙咀的大廈頂端，在落地窗前搖曳著紅酒杯，俯視著芸芸眾生……

我說：「洗洗睡吧，夢裡什麼都有，真的。」

時隔多年，再次見到他，他的嘴裡滿是抱怨。

他說，這個世界不公平。

幾杯酒灌下去，他大著舌頭，醉眼惺忪地說：「為什麼我不是王思聰（中國首富、萬達集團董事長王健林的獨生子）！」

說完，就趴在桌子上，不一會兒，桌面濕了一層，也不曉得是淚水還是口水。

他這些年過得不是很好，工作不順，女朋友也分手了，房子車子都沒著落。至於當年的豪言壯語……開玩笑，現在光是生存下去，就已經精疲力竭了。

他哭：「為什麼我不是富二代，為什麼我不是官二代……」

為什麼有的人不用任何努力，就可以得到我們想要的生活，去做我們不敢做的事，去追我們沒資格追的女孩子。

他們仿佛是上帝的寵兒，告訴我們原來連造物主也不是那麼

公平的。

要說不羨慕，那不可能。

可沒辦法，這是天生的，人家就有這個命，你說氣不氣？

他不停地叨念，想不明白，為什麼人家天生就可以過那樣優渥的日子，而我們只是想要活下去，都要拚死拚活。

會投胎的，真是好啊⋯⋯

我不知道該怎麼回答。

於是，我給他講了子貢的故事。

（二）

有人說：剽悍的人生，從不需要解釋。

歷史上的人物，但凡能在二十四史中留下名字的，個個都絕非等閒，哪個沒有剽悍的人生？

但是，他們大部分都是被社會逼出來的。

如果劉邦不是活不下去了，他會去起義反秦當皇帝嗎？

如果黃巢不是落榜後人生無望，他會對抗大唐王朝嗎？

如果朱棣不是被姪子逼得無路可走，他會打起反旗嗎？

⋯⋯

正是因為走投無路，所以才會奮力一搏，在陰差陽錯中拚出一段叱吒風雲的人生史詩。

然而，有些人不一樣，他們原本是可以不用奮鬥的。

如此，他們的努力，就越發顯得難能可貴。

子貢，就是這樣。

……

端木賜，字子貢，衛國人。

他是土豪的兒子。

他父親，是一代富豪，家財萬貫。

他母親，是衛國大夫蘧伯玉的女兒，位高權重。

這孩子一出生，就自帶墨鏡雪茄以及金項鍊，可謂有錢又有勢。

他原本是可以靠家庭的。

但卻偏偏要靠才華。

子貢從小就古靈精怪，他的父親給他找了一個家庭教師，教他讀書寫字，可沒過多久，家庭教師不幹了，跑來辭職。

他父親一愣，不明白，就問為什麼辭職？

家庭教師一邊擦汗一邊說慚愧：「您家這孩子太聰明了，我會的東西他一學就會，而他問的問題我根本答不上來，所以您還是另請高明吧。」

父親目瞪口呆。

我難不成生了個妖怪嗎？

這件事很快驚動了子貢的外祖父蘧伯玉。

蘧伯玉對這個外孫的年少聰慧，表現出了極大的興趣，並且將自己的幕僚，同時也是當時衛國的名士冉宏叫了過來，讓他來教導這個外孫。

誰知過了幾年，冉宏也扛不住了。

自己會的，子貢已經全懂了，自己實在沒什麼可教的了。

據說，錢鐘書（中國名作家）當年曾放出豪言：「整個清華，沒有一個教授有資格當我錢某人的導師。」

這話很狂妄，但卻沒有一個人敢質疑，因為確實如此。

子貢也一樣。

放眼整個衛國，發現竟然沒一個人配當子貢的老師。

子貢：「生而天才，我很抱歉。」

他很驕傲，也確實有本錢驕傲。

直到孔子來到了衛國。

（三）

其實，子貢拜孔子為師，他一開始內心是拒絕的。

因為蘧伯玉和孔子二人相交莫逆、言談甚歡，加之蘧伯玉對孔子的博學十分欽佩，於是就自作主張，把子貢給送到了孔子的學校。

完全是家長強制性送孩子去補習班！

子貢反對，反對無效。

他不情不願地來到了孔子的學校，看到一個迂腐的老頭子和一群鄉巴佬的同學，心裡更加鬱悶了。

他不明白，自己這麼優秀的一個人，為什麼要來這種地方浪費生命？

他一天到晚待在學校，課也沒心情聽，所以閒著沒事，就和同學們吹牛打屁。

作為一個富二代，他的見識與學識都比同學們高出不少，所以，他經常對同學開口嘲諷。

「嘿，你怎麼連這個都不懂……」

「哎喲，你連宋國都沒去過呀？我去過，那裡的妹子可好看了……」

「哈哈哈，這本書你沒讀過嗎？你見識可真淺……」

子貢最喜歡和別人比，一比就覺得人家樣樣不如自己，於是不斷膨脹、膨脹、膨脹……

孔子看在眼裡，陰陽怪氣地說：「子貢可真是了不起，換做是我，可沒有閒工夫去評論別人。」

對子貢的行為，孔子看不下去，換做別人，就算不轟走，也得臭罵一頓。

可子貢不一樣，他雖是個難搞的學生，但畢竟是蘧伯玉送來的。

有人情在裡面啊……

孔子得照顧蘧伯玉的面子，所以只能說幾句風涼話。

「君子就應該少說話，多做事！」

他經常這樣對子貢說，當然，子貢是聽不進去的。

因為子貢根本看不起這個老頭。

（四）

子貢作為一個富二代，所以從小周圍的小朋友都喜歡巴結他、奉承他，而他又聰明過人，是個小天才，故而性格比較自負，

向來目中無人。

他第一年來學校，認為孔子的學識根本比不上自己。

他是言語系，這個科系的學生都是強嘴王者，個個巧舌如簧、伶牙俐齒，把人說得啞口無言、精神崩潰，都是家常便飯。

為了在同學們面前證明，自己比老師強，他經常和老師唱反調。

有一次，孔子講歷史，講到商紂王的時候，說這個人昏庸無道、殘暴至極，最後落得亡國身死的下場，真是活該。

他舉手了。

「老師，我覺得商紂王沒那麼壞，因為他是一個失敗者，所以大家把所有壞事都推到他的身上了。」

在台上講課的孔子，頓時尷尬了。

對一個老師而言，遇見唱反調的學生，是最苦惱的事。

……

有了這次讓孔子難堪的經歷後，子貢更加志得意滿，準備再接再厲。

一次，又是上課，他舉手提問。

「老師，人死了以後，到底有沒有靈魂？」

孔子就知道這小子問問題準沒安好心，你看吧，這種問題誰能回答？

孔子笑說：「我不想告訴你。」

「為什麼？」

孔子說：「我要是說人死了有靈魂，就怕我的孝子賢孫給我

的葬禮太隆重；我要是說人死了沒靈魂，萬一我的不肖子孫把我的屍體扔到野地餵狗怎麼辦？」

子貢一愣，好有道理的樣子，我竟然無法反駁。

孔子繼續說：「子貢啊，你如果真想知道人死了以後，到底有沒有靈魂，那就等你死了以後，再慢慢感受吧。」

全班頓時哄堂大笑。

子貢頓時漲了個大紅臉。

……

入學第二年，子貢對孔子的看法改變了一些，他覺得，孔子的學識和自己差不多。

他經常與同學們廝混在一起，因為自己見識廣，所以喜歡賣弄小聰明。

這些孔子都看在眼裡，不屑地說：「整天聚在一起，講些不著邊際的事兒，愛耍小聰明，這種人沒救了！」

對此，子貢根本不甩。

有一年，子貢和孔子一起回了魯國一趟，恰好郳隱公來魯國訪問，魯定公進行接待。

兩人參加了接待儀式，子貢看魯定公與郳隱公的氣色，判斷這兩人活不久了，還是吃好喝好吧！

果然，過了不久，魯定公和郳隱公雙雙離世。

子貢得意洋洋：「我真是個天才！」

他四處向別人炫耀，看吧看吧，我算得多準！

孔子聽說後，驚出了一陣冷汗。

他連忙制止子貢，說你這叫不幸而言中，還亂說什麼？不怕惹事嗎，曉不曉得什麼叫禍從口出啊？

子貢這才第一次發現，老師實際上是很關心他的。

漸漸地，他對老師的態度也尊敬了起來。

而時間一長，孔子也慢慢覺得，子貢這孩子，雖然鬼靈精怪的性格討人厭，但畢竟人聰明，本性也不壞，也是挺可愛的。

嗯，這是一個從相厭到相愛的過程。

……

到了第三年，子貢老老實實承認，老師的學問確實比自己大。

有一次，他問老師：「老師，您覺得我是一個怎樣的人？」

他沒發現，自己已經在不知不覺中，渴望得到這個臭老頭的認同了。

孔子說：「你呀，就是個器。」

他一愣，問：「什麼器？」

孔子說：「飯桶。」

子貢暈倒……

孔子哈哈大笑，說你是個用來祭祀的高級飯桶。

他問：「哦，那我就放心了，嚇死我了。」

然後孔子說：「嗯，君子不器！」

子貢再次暈倒……

孔子抱著肚子笑出來，逗這孩子實在是太好玩了。

……

子貢不但是個傲嬌的人，還是個驕傲的人。

對於老師最喜歡顏回，他向來不服氣。

有一次，他問老師：「貧窮而不巴結別人，富有而不耍大牌，怎麼樣？」

很顯然，這是拿自己和顏回比，貧而無諂指的是顏回，富而無驕說的是他自己。

孔子當然知道這小子心裡的意思。

他說：「很好啊，不過嘛，還是比不上貧窮卻快樂，富有卻懂禮貌呀！」

孔子看出了他的意圖，所以故意說，人家顏回已經到了安貧樂道的境界，打壓子貢一下，再利用子貢不服輸的心態，用顏回當他的競爭對手，激發子貢的好勝心，給他訂了一個新的目標：好禮。

子貢 EQ 很高，迅速領悟了老師的意思，表示自己現在就像一塊玉石，要繼續切磋、琢磨，不斷進步才行。

孔子看到子貢領悟力這麼強，不由得表揚了子貢一句。

子貢一天比一天進步，原本輕浮、散漫的心態，也漸漸的被孔子打磨掉。慢慢的，子貢變得成熟、穩重，有君子風範。

他剽悍的人生，即將拉開序幕。

（五）

子貢一生最傳奇的成就，要從山東的齊國說起。

山東的齊國，位於東海之濱，開國君主是《封神榜》裡面的姜太公，到了東周時期，春秋五霸的第一位，就是齊國的齊桓公。

在齊桓公時代，陳國有一位公子逃難來到齊國，被齊桓公收留，這位公子也就在齊國定居、落地生根，這就是田氏家族。

伴隨著幾百年的發展，在齊國，田氏家族的勢力已經首屈一指，而新一代家主田常，更是生起了取而代之齊國國君的念頭。

但是，當時齊國有國、高、鮑、晏四個豪門，都對國君忠心耿耿，與田氏家族勢不兩立，這讓田常感到困擾。

於是，田常決定，自己要樹立威信，聚集人氣，獲得齊國國民的支持率！

累積人氣的最快辦法，就是打勝仗！

田常決定，打魯國！

魯國：「我招你惹你了？」

就這樣，面對大軍壓境的齊軍，莫名其妙躺槍的魯國，再一次陷入了國家危難之中。

消息傳到了正在周遊列國的孔子耳裡。

什麼情況？魯國可是我老家呀，我祖墳都在魯國呢，你田常奪權就奪權，滅我老家是什麼鬼？

他對學生們說：「魯國畢竟是我的父母之邦，如今它有難，我不能坐視不理，你們有沒有什麼好辦法，可以化解魯國這場危機？」

子路第一個跳出來，說我們跟齊國人拚了，殺一個不虧，殺兩個還賺一個。

孔子果斷拒絕。

子張和子石出列，說我們跟齊國人講道理，講死他們！

孔子依舊拒絕。

這時候，我們的主角子貢出場了。

他說：「讓我去吧，這種小意思，我可以搞定。」

孔子問，你有什麼辦法？

子貢吐了吐舌頭。

到時候你們就知道了。

就這樣，背負著拯救魯國重任的子貢，就這樣出發了。

……

子貢先到了齊軍大營，見到了田常。

面對這位殺氣騰騰的將軍，子貢面不改色，張口就說：「將軍，我不知道您攻打魯國這個決定是怎麼想的？是頭殼壞了嗎？」

田常的腦袋全是問號：「什麼？」

子貢沒有理會田常，而是繼續如長江之水滔滔不絕：

「魯國難打啊，你看，它的城牆全是土塊，軍備全是二手貨，國君又是個大白癡，大臣們個個不中用，士兵百姓更是不堪一擊，這樣的國家難打啊。」

「依我看，您不如去找吳國的麻煩，你看吳國的城牆多齊整，護城河那麼深，鎧甲又堅固，士卒又猛，大臣也靠譜，這樣的國家才容易打啊。」

他一聽，頓時勃然大怒，說：「你當我白癡嗎？這天下哪裡有弱國難打、強國好打的道理？誰不知道要捏就捏軟柿子，我

打吳國是沒事找事嗎？你就算想保全魯國，也不要這麼赤裸裸好不好？」

子貢微微一笑，所有人都讓開，我要開始裝 B 了。

他說：「我聽說，憂患在國內的，就要去攻打強國，憂患在國外的，要去攻打弱國。如今，您的憂患在國內啊……」

子貢故意在「國內」這兩個字上加重了語氣，田常的臉色微微一變，卻迅速收斂，只不過都被精明的子貢盡收眼底。

子貢繼續笑著說：「我聽說，您多次被授予封號，但都未能封成呢，看來，是因為有朝中的大臣反對您啊。」

田常沉默了，他知道，這個年輕人是有備而來的，他更想看看，這個人打算耍什麼花樣。

子貢鄭重地說：「如今，您來打魯國，齊強魯弱，當然很容易打勝，可打勝了以後呢？您的國君一看，原來打勝仗這麼容易，就會變得非常驕傲，到時候覺得您沒那麼重要了，就會疏遠您了，一旦如此，別說成就大業了，就連您的身家性命恐怕都不保了！」

田常的呼吸急促了起來，他發現，子貢說的話，或許真有道理。

子貢繼續言辭侃侃：「所以說，您還不如去攻打吳國。這樣一來，戰爭肯定曠日廢時，到時候您就可以養寇自重，全國的資源都會向您身上傾斜，君主要仰仗你，大臣要依靠你，豈不是擴展實力的好機會嗎？退一步說，即使輸了，那也沒關係，因為削弱的是齊國朝廷的力量，一旦戰敗，國君會被老百姓嫌棄，這樣，在上沒有強臣對抗，在下沒有百姓的非難，您就可以為所欲為啦！」

說完，子貢舉起手中的酒樽，一飲而盡。

這一番話，田常終於被說服了。

只是他還有疑慮：「好，我承認你說服了我，可現在的問題是，我的軍隊已經開到魯國來了，現在從魯國撤軍轉而進兵吳國，我國的大臣與百姓豈不是要對我議論紛紛？」

「這個你放心，」子貢自信地一笑，「您先按兵不動，不要進攻，然後您只要派我當您的使節去見吳王，我自有辦法讓他出兵援魯攻齊國，到時候，您就趁機出兵與吳國一較高下。」

田常想了想，答應了子貢的要求，給了子貢一個使節的身分，讓他去見吳王夫差。

子貢的第二站，就是吳國。

（六）

吳國位於今天中國的東南沿海，開國君主是周文王的兩個伯父，可謂歷史悠久。

後來，到了吳王闔閭手中，開始任用伍子胥、孫武等人才，國家的實力迅速崛起，一度將南方強國楚國打得險些亡國，到了新吳王夫差手裡，更是打垮了越國，連越王勾踐都成了他的階下囚。

如今的吳王夫差，志得意滿、意氣風發，正想北上與中原列國一較高下，圓一個霸主之夢。

子貢正是抓住了這一點，所以見到了吳王就說：「大王，現在有個稱霸中原的機會，您想不想要？」

吳王一愣，「什麼機會？」

子貢說：「現在齊國正攻打魯國，這件事您知道吧？一旦併吞成功，肯定稱霸，那它勢必要和吳國一爭高低，我替大王感

到憂心啊。」

吳王挑了挑眉，「那依你所見，我該怎麼辦？」

「當然是援魯抗齊！」

子貢說：「您看，援救魯國，這是能博得名聲的事，攻打齊國，是能獲大利的事。到時候，您既打擊了齊國排除了威脅，又能讓其他被齊國欺負的小國家對您感恩戴德，說不定，大家還會推舉您當霸主呢……」

一聽到「霸主」兩個字，吳王整個人都精神了起來，可轉念一想，吳王又開始猶豫。

他沉默了一會兒，說：「你說的不錯，可是我曾經和越國作戰，越王現在退守在會稽山上，我預計他要報復我，您等我先滅了越國後，再按您的話做吧。」

子貢急了，說：「大王，您要是把齊國先擱在一邊，先去攻打越國，那等打完，魯國早就涼了，您這不是逃避嗎？要知道，這次機會可是千載難逢，只要您放越國一馬，這就是仁德，援助魯國攻打齊國，各國諸侯一定會競相來吳國朝見，那您稱霸天下的大業就指日可待了！」

這一番話把吳王說得有些飄飄然，可還是有些舉棋不定。

子貢一咬牙，乾脆說：「那這樣吧，如果大王您果真忌憚越國，那我請求東去會見越王，讓他派軍隊追隨您，在戰爭中，您盡量讓越國的人上戰場，消耗的是他的軍隊，如何？」

吳王一拍大腿，對啊！果斷派子貢到越國去。

子貢的第三站，就是越國。

（七）

越國與吳國是宿敵，當年越王勾踐打敗了吳王闔閭，而闔閭的兒子夫差又為父雪恨，大勝了勾踐，將勾踐囚禁在吳國。

這位越王勾踐也真是對自己狠，當俘虜的日子裡百般討好吳王夫差，這才被放回了越國。

回國以後，勾踐臥薪嘗膽，發誓此仇不報、誓不為人，日日厲兵秣馬，時刻準備著東山再起。

如今，得知子貢要來，越王勾踐連忙清掃道路，親自到郊外去迎接子貢。

二人相見後，勾踐很客氣，說：「先生，我們越國這地方窮，粗茶淡飯的，您別嫌棄。」

子貢笑了笑，擺手道：「大王，先別說這個了，有大事要發生了，吳王恐怕要出兵攻打您了。」

勾踐臉色一變：「簡直欺人太甚，他要是敢來，我大不了跟他拚了！」

子貢淡定地說：「吳王這個人，很狂躁啊，大家都受不了他，依我看，這樣的人遲早要完蛋。我覺得吧，您不如堅決支持他出兵齊國，如果打贏了，夫差一定會很驕傲，勢必要再次北上與晉國爭霸主之位。到時候，他的軍隊被牽制在中原，您這時候如果在他背後奮力一擊……嘿嘿，你懂的！」

勾踐直愣愣地看著子貢，他想不通，自己明明已經夠陰險的了，怎麼還有一個比自己更陰險的啊？還是孔老夫子的學生……

不過對子貢的計謀，勾踐表示非常贊同，果斷採納，還贈給子貢黃金百兩、寶劍一把，良矛二支。

子貢並沒有接受，拍拍屁股就跑去第四站——晉國。

子貢告訴晉國的國君，吳國馬上就要北上與齊國決戰，如果勝利，很可能威脅到晉國，你們趕緊做好準備，良心建議，愛聽不聽。

說完，子貢打了個哈欠，回到了老師孔子的身邊覆命，靜待時局的變化。

……

神奇的一幕就出現了。

先是，越王勾踐採納了子貢的計謀，對吳王夫差伐齊表示出了極大的支持。

吳王夫差沒了後顧之憂，北上援助魯國，找齊國軍隊幹架。

齊國軍隊駐紮在艾陵，一天到晚閒扯淡、吃著火鍋唱著歌，突然就被吳軍給打了，損失慘重。

不過相比於齊國君臣的焦頭爛額，田常卻是喜聞樂見，準備趁著齊國實力損耗的空檔期，專心奪權，結果齊國內政徹底亂成一團。

而這邊，吳王夫差打垮了齊國，可謂志得意滿、不可一世，當場一拍大腿，舉兵北上去找晉國的麻煩。

晉國因為之前有了子貢的提醒，早已有了準備，以逸待勞，結果打破了夫差不敗的神話，把吳軍打得落荒而逃。這一戰，晉國維護住了自己北方霸主的地位。

勾踐聽到消息後，自然不會放過這個千載難逢的機會，趁著夫差的主力被牽制在中原，迅速出兵吳國的大本營，拔除了吳國的根基。

吳王夫差連忙率師回援，可惜為時已晚，幾場遭遇戰打下

來，勾踐徹底滅亡了吳國，報了血海深仇，而越國也終於成為了南方的霸主。

春秋的格局，變了。

……

世人只道弱國無外交，然而總會有人打破世俗的慣例，在沒有任何籌碼的狀況下，子貢憑藉一口伶牙俐齒，將幾個大國的領導人耍得團團轉，不僅拯救了弱小的魯國免於危難，更是一口氣改變了五個國家的命運。

故而，司馬遷在《史記》中盛讚：「故子貢一出，存魯、亂齊、破吳、強晉而霸越！子貢一使，使勢相破，十年之中，五國各有變。」

子貢憑藉一口三寸不爛之舌，攪動風雨，拯救一國、攪亂一國、滅亡一國、強盛一國，並將一國推上霸主之位，一手導演了一場精彩絕倫的世界大戰！

麒麟才子，捨我其誰？

（八）

美麗的皮囊千篇一律，有趣的靈魂萬裡挑一。

人們都說這是一個看臉的時代，或許真是如此，但美麗的皮囊終究只是乍見之歡，有趣的靈魂才能保證久處不厭。

沒人可以拒絕有趣的靈魂，即使我們知道那是毒藥，卻依舊會選擇飲鴆止渴。

這是人性，沒有誰會在激情四射的年紀，去和一個木訥的人歲月靜好。

而子貢的靈魂，很有趣。

孔子好面子，而子貢辦起事來經常能搔到孔子的癢處，面對這個 EQ 高、會聊天，還有成就的學生，誰能不喜歡？

有一回，子貢問，怎麼樣的人才算士？

孔子笑著說：「有禮有節，出使四方，不辱使命，就可以叫士了。」

雖然孔子沒有明確點名，但這句話的言下之意誰都能看出來：你這樣的人，就算是士了。

周遊列國結束後，子路、高柴等人都在衛國當官，只有子貢對做官沒有興趣，他只喜歡經商。

他對老師說：「老師，我有一塊美玉，您說我是把它賣掉好呢，還是收藏起來呢？」

孔子會錯了意，以為子貢想去當官，於是開心地說：「賣掉吧，有好買家就趕緊賣掉吧。」

在孔子的推薦下，子貢出任信陽宰。

沒辦法，既然決定了，只能硬著頭皮上，在臨行之前，子貢問老師。

「如果有一個人，他能給老百姓好處，又能周濟人民群眾，這樣可以算是仁人了嗎？」

「這豈止是仁，簡直就是聖啊！堯舜要做到這點都十分困難啊！」

孔子感慨地說：「什麼是仁？就是自己生存還能幫助別人生存，自己成功還能幫助別人成功。能做到這一點，那就是仁人了！」

子貢拿起小本本，劃了重點，繼續問：「如果有一個人，全

鄉的人都喜歡他，那這個人是好人嗎？」

孔子說：「不一定。」

子貢又問：「那全鄉人都討厭他，那這個人是壞人嗎？」

孔子說：「還是不一定。什麼是好人？就是全鄉的好人都喜歡他，全鄉的壞人都厭惡他，這才叫好人！」

子貢翻白眼，當官真的好麻煩。

……

子貢的信陽宰沒幹多久，就辭職回來了。

他對孔子說：「我不喜歡別人把想法強加給我，也不喜歡把自己的想法強加給別人。」

孔子嘆了口氣：「子貢呀，這很難啊。」

孔子還是希望子貢去做官，因為子貢本身就有深厚的背景，也有為官的才能，如果從政，前途不可限量。

可問題在於，人各有志，對子貢來說，這輩子都不可能做官，做學問又不會做，只有經商，才能維持得了生活，而去其他國家經商的感覺像回家一樣，在其他國家經商的感覺比家裡感覺好多了！那裡個個都是人才，說話又好聽，他超喜歡經商的！

好吧，對此孔子也很無奈，只能選擇默認了。

在背起行裝準備去外國做生意的那天，子貢回頭，問孔子：「老師，能送我一句可以終身奉行的話嗎？」

孔子歪著頭想了想，露出微笑：

「其恕乎！己所不欲，勿施於人。」

（九）

孔子的晚年，顏回英年早逝、子路死於非命，他年年傷心，年年痛苦，所以子貢就成了孔子精神上最後的依賴。

他經常喃喃自語：「我不想再說話了。」

子貢關切地問：「老師不說話了，那麼我們這些學生還傳述什麼呢？」

孔子自嘲：「天何嘗說話呢？四季照常運行，百物照樣生長。天說了什麼話呢？」

子貢沉默不語，他知道，晚年的老師精神已經無比脆弱，子路、顏回不在了，能陪伴老師的，就只有他了。

……

魯哀公十六年，孔子生了重病，他強撐病體，一個人拄著拐杖，坐在庭院裡，目光眼巴巴的看向門外，像是在等待著誰。

子貢來了。

孔子的淚水奪眶而出：「子貢，你怎麼現在才來啊。」

他一邊哭，一邊唱：「泰山要崩塌了，樑柱要斷裂了，聖人要枯萎了……」

看著被病痛折磨得形如枯槁的老師，子貢忽然想起了幾十年前，他剛剛入學的時候，自大、狂妄、目中無人，正是面前這個表面人畜無害、實際奸詐狡猾的老人，用最辛辣的言辭打擊自己，想方設法磨去自己的任性，教導自己詩書禮儀，費盡心思將自己引入正途……

他知道，這個老人，即將離他而去了。

孔子說：「天下無道已經很久了，沒有誰能接納我的主張啊。

子貢，你聽我說，三代的貴族們死了以後，停放棺材的位置是不同的，夏代停在東邊的台階上，周代停在西邊的台階上，而商代，則是停在正廳的兩根柱子中間。我昨晚做了一個夢，夢見我坐在兩根柱子中間接受別人的祭奠，我恐怕是時日無多了，我是殷商的後裔，我死了以後，你要按商代的禮儀來安葬我。」

在最後一刻，孔子將自己的後事，託付給了這個曾經讓他頭痛的學生。

七天後，孔子病逝。

……

孔子在當時，就是著名的大學問家，又是魯國的大司寇，所以他死後，魯國政府為孔子風光大葬。

在葬禮上，魯哀公親自宣讀祭文，內容中有這樣一句話：

「老天爺不仁慈，偏偏要帶走這樣一位老人，使得我孤獨地留在人世，尼父啊尼父，沒人可以做我學習的楷模了……」

這話說得情真意切，可在台下的子貢聽來，卻無比刺耳，他毫不留情地諷刺道：「人活著的時候不能用，人死了倒是假惺惺。」

魯哀公與三桓的當家人都是一陣尷尬，但如今的子貢不僅富可敵國，而且和各國權貴都有交情，他們不敢輕易招惹，所以只能裝作沒有聽見，繼續自顧自地讀下去。

孔子被葬在曲阜北面的泗水岸邊，這裡是他與學生經常踏青的地方，長眠於此，想必也是子貢的主意。

孔子死後，他的學生們紛紛披麻戴孝，為老師守墓三年。

三年後，同學們相互道別後，大家紛紛開始了自己新的生活。

唯獨子貢，這個曾經的中二病學生，這個一生逐利的商人，卻在老師墓旁蓋了一座草廬，固執地守了六年的墓。

那個名叫思念的鎖鏈，將他牢牢的束縛在魯國的這片土地上，那是這個問題學生，對老師最後的眷戀。

（十）

子貢服喪六年後，又繼續開始了他的經商生涯。

子貢在經商方面極有天賦，後世甚至將他奉為儒商的始祖，這個稱號也的確是實至名歸。

在司馬遷的《史記》中記載：「子貢結駟連騎，束帛之幣以聘享諸侯，所至，國君無不分庭與之抗禮。」

能憑藉財富與各國國君分庭抗禮，各位可以自行感受一下。

……

也正是在日復一日的經商生涯中，子貢致力於宣傳老師的學說，後來司馬遷認為，孔子之所以能被樹立為聖人，就是子貢的功勞。

在當時，質疑孔子的人著實不少，譬如，衛國有一個人叫公孫朝，他問子貢：「仲尼的學問是從哪裡學來的？」

這話的意思，就如同今天有人問你「你是哪個大學畢業的」，學校代表你說的話的權威性，而孔子恰恰就輸在這裡。

孔子的學問完全是自學的，《師說》裡講過孔子向很多人請教過學問，他自己也說「三人行，必有我師焉」，可是說白了，他只是聽過那些人的課而已，並不算是老師。

可以說，孔子就是家裡蹲大學畢業的。

公孫朝這樣一問，可謂是打蛇打七寸，孔子既然是從野雞大學畢業，那他的學說還有什麼值得肯定的呢？

這樣的問話換做別人，可能瞠目結舌，茫然不知如何應對。

可子貢是誰？別忘了，他學的是什麼專業。

子貢笑著說：「周文王、周武王的道，並沒有失傳，而是散落在人世間。我們老師在哪裡都能學，又何必要有固定的老師呢？」

一句話，真正的學問是散落在人民大眾手上的，我們老師的學問是在這些人手中一點一滴累積起來的，才不會跟你們一樣，非得找個固定的老師，把人家的思想接收過來就好，俗！

可以說，語言的魅力，在子貢的身上體現得淋漓盡致。

……

子貢的一生，是剽悍的一生。

無論是從哪個方面來看，子貢都是一個成功者，他天生就是貨幣玩家，卻能在孔子手下潛心好學，長大後在商場與官場上左右逢源、如魚得水，受到了各界的尊重，還能在老師死後，保護師弟們去傳播老師的學說。

所以，很多人認為：子貢比他老師強多了。

三桓之一的叔孫家族家主，叫叔孫武叔，這個人就向來瞧不起孔子，不過對於有本事的子貢卻十分欣賞，再加上當時子貢在國際關係盤根錯節，有著強大的朋友圈，所以他也想巴結一番。

有一回，叔孫武叔就在朝廷上對其他大夫說：「依我看，子貢比他老師仲尼要賢能多了。」

一個叫子服景伯的人，把叔孫武叔的這一番話告訴了子貢。

子貢聽罷，嗤笑說：「我就拿圍牆來作比喻吧，我家的圍牆只有肩膀那麼高，而老師家的圍牆卻有好幾仞高，如果找不到門進去，你就看不見裡面富麗堂皇。不過呢，這門可不是什麼阿貓阿狗都能找到的，叔孫武叔會這麼講，不也很正常嗎？」

總而言之，叔孫武叔之所以認為我比老師強，是因為他不懂我老師，不過考慮到他向來沒見識，說出這一番話也在情理之中。

叔孫武叔原本想奉承一下子貢，所沒想到碰了一鼻子灰，可沒辦法，如今子貢的背後勢力不小，他惹不起，只能忍了。

孔子還有一個學生，叫陳亢，因為入門晚，所以沒怎麼接受過孔子的直接教導，都是由子貢代授的。

在陳亢眼裡，子貢可比孔子強多了，他也對子貢說：「您就別謙虛了，仲尼怎麼會比你還賢能呢？」

子貢白了他一眼，說：「君子的一句話就可以暴露他的智商，所以說話一定要慎重。老師的高不可及，就像天一般，是無法順著梯子爬上去的。老師生得偉大，死得光榮，我怎麼能比得上他？」

言而總之，你能說出這樣的話，叮見你智商有問題。

……

孔子去世後，子貢一直擺盪於政界與商界之間，在廟堂之上翻手為雲、在江湖之間覆手為雨，閒著沒事還可以宣傳宣傳老師的思想，教幾個徒弟，最後獲得善終。

我還能說什麼呢？

這樣的人生簡直剽悍得不能再剽悍，圓滿得不能再圓滿。

子貢傳奇的一生，落幕於齊國，因為他不遺餘力的維護，使得儒學可以薪火相傳，未曾間斷。

賈志剛（中國知名作家）說：「生子當如孫仲謀，收徒當如端木賜。」

我深以為然。

孔子能遇見子貢，何其幸運。

子貢能遇見孔子，何其幸運。

每個人心裡，都希望成為像子貢這樣的天之驕子吧？

但是，傳奇的人生之所以傳奇，就在於它難以複製；但我們也不必氣餒，因為大部分人都是普通人，差不多的。

我們無法做到像子貢這樣，但至少，我們可以以他為目標，今天進步一點，明天進步一點，將大部分的普通人拋在後頭。

說不定，哪天您一不小心、二不注意、三不留神……

一回頭，驀然發現自己成了一個新的傳奇。

第五章

冉有：一個老幹部的自白

（一）

我是冉有。

準確來說，我叫冉求，字子有。

我是魯國人，十五歲那年，我與顏回一起上學，認識了那個影響我一生的老師：孔子。

對於我的老師，我是很尊敬的，他是我們魯國最有學問的人，我們冉氏一族的子弟，都會被送來這裡學習。

在第一天入學的時候，大家填志願，我想也不想就寫：政事系。

我渴望從事政治。

這是我的理想。

（二）

我的性格有些悶。

以前經常有人說：中二病見了我會沉默，裝 B 的人見了我會流淚。

我不明白是什麼意思。

後來才知道，同學們一致認定，我這個人天生氣場高冷，適合無形裝 B。

他們說：「我的生理年齡與心理年齡不匹配。」

同學們認為，我有些少年老成，所以給我取了個綽號：老幹部。

呃……我有那麼老嗎？

我最好的夥伴分析過我的性格，最後得出結論：悶騷。

我暈倒……

……

我從不覺得我的性格有什麼不好。

我報考的是政事系，將來畢業是要去考公務員的，人家都說官場如戰場，笑裡藏刀、爾虞我詐，要想萬年不倒，就必須懂得謹言慎行。正是因為如此，我向來都盡力讓自己老成持重一點，以便適應將來的官場生活，不過在同齡人看來，我就有點小大人了。

小大人就小大人吧，老幹部就老幹部吧。

反正你們也遲早要長大，我又何必去理會那些幼稚的嘰嘰喳喳？

再說，謹慎點、內斂些不好嗎？越是內向的性格，就越是方便從事政治。

就拿和我同系的子路學長來說，他的政治才能是很不錯的，可問題是他這人總是毛毛躁躁的，這樣怎麼從政呢？從政需要的是縝密的心思與沉穩的性格。

唉，真為子路學長擔心啊。

……

我一直很想知道，在老師的眼裡，我的形象如何。

直到有一天，子路學長問老師，一個完美的人是怎樣的？

老師思索了一瞬，說：「同時具備臧武仲的智慧、孟公綽的克制、卞莊子的勇敢、冉有的能力，再用禮樂加以修飾，也就可以算是一個完美的人了。」

老師口中提及的其他三人，都是已不在人世的賢人，萬萬沒想到，在老師的眼裡，我可以與他們並列，說真的，我有些受寵若驚。

也很感動。

……

入學不久，老師對我的辦事能力就讚譽有加，特意讓我參與打理學校的日常事務，對於老師的信任，我唯有賣力做好，來表達感謝。

據說，後世有一個叫蘇軾的人，曾經說：「子路之勇，子貢之辯，冉有之智，此三子者，皆天下之所謂難能而可貴者也。」

其實沒有啊，我沒有好棒棒啊！

（三）

我入學沒過幾年，老師出任魯國大司寇。

在老師擔當大司寇期間，秉公執法，在很短時間內，把魯國治理得很好，我們這些學生都由衷為老師感到高興。

老師在出任高官的同時，也積極向當權者推薦我們這些政事系的學生。

不久，我和子路學長被先後選中，子路擔任季孫家的家宰，我擔任季孫家的費邑宰。

在處理費邑政務期間，我這些年所學的理論終於可以實踐。

因為從小打的底子厚，再加上處理學校事務的經驗，我管理起來大有庖丁解牛的感覺，完全遊刃有餘，沒過多久，我便得到眾人的一致讚嘆。

終於，我不再是那個不說話的悶葫蘆，而是成為了大家眼裡的大政治家冉有。

看來，性格只能影響別人對你的喜惡，而成就，才是別人是否尊敬你的指標。

……

好景不長。

老師的政治理念，是依據《周禮》治國，講究君君臣臣、父父子子，所以，他希望魯國的軍政大權，可以回歸到國君手裡。

可問題是，在我們魯國，國君恰恰是沒什麼權力的空架子，實際掌權的是三桓家族：季孫家族、叔孫家族、孟孫家族。

為了抑制三桓，重新鞏固國君的權力，老師很快就著手啟動了「墮三都」計畫，打著削弱三桓家臣的名義，拆毀三桓封地的城牆。

但三桓家族內，並不乏有識之士，老師的潛在目的很快就被察覺，三桓家族中尤其是季孫氏，開始和老師疏遠起來。

而「墮三都」失敗後的老師，似乎也有點自暴自棄，喜歡任性，不但沒有第一時間與季孫氏修復關係，而是索性不再偽裝，毫不掩飾自己對季孫氏的厭惡。

雙方的關係，降至冰點。

身為季孫氏的家臣，我與子路學長夾在雙方中間，很尷尬。

這種尷尬，是會體現在表面上的。

譬如，老師經常公然告訴我們這些學生，季孫氏不是什麼好東西，遲早不得好死！

我和子路學長在下面，說好不是，說不好也不是，真的有些無所適從。

就這還不是最讓人鬱悶的。

因為我們幫季孫氏打工的關係，老師看我們的眼神都不對了，總覺得我們是在助紂為虐、為虎作倀。

當你開始覺得看一個人不順眼的時候，那真是越看越心煩，這個時候老師對我們也是這樣，不論我們做什麼，他看到都會生氣。

這些矛盾，在日積月累中不斷疊加，終於在一次事件中爆發了出來。

那天，季孫大夫在朝堂上提議：攻打顓臾。

顓臾，是魯國的附屬國。

根據周公當年訂立的規矩，太小的國家是沒有資格直屬周天子而直接獨立成國的，只能成為諸侯國的附庸。

顓臾作為我們魯國的附屬國，它的貢品自然是進貢給國君的，是屬於國君的勢力。

這當然成了季孫氏的眼中刺、肉中釘。

終於，季孫大夫下定決心，長痛不如短痛，滅了顓臾，一了百了。

此時，我們魯國的國君就是傀儡，對於季孫大夫的獨斷專行

根本無法反對，只能點頭表示通過議案。

這個計畫，就這樣定了下來。

我和子路學長回到了學校，一五一十將這件事的來龍去脈告訴了老師。

老師聽完，臉色頓時變得十分難看，他問我：「冉有，你為什麼不阻止？」

那一刻，我感覺自己的求生欲前所未有地強，連忙解釋說：「我也不想，可是季孫大夫都已經決定了，我能怎麼辦？我也很絕望啊。」

「別推卸責任，」老師氣呼呼地說，「你的職責就是匡正季孫的錯誤，既然做不到，乾脆辭職好了，跟我在這裡訴苦，誰給你的勇氣？」

誰給我的勇氣？我苦笑，能回答梁靜茹嗎？

我硬著頭皮說：「顓臾如今兵強馬壯，離季孫的封地又近，現在不動手，將來必成大患。」

「又給我狡辯，你難道是裝糊塗嗎？」

老師那一瞬間化身為柯南，一語中的：「在我看來，真相只有一個，季孫擔心的不是顓臾，而是國君！」

我心裡默默嘆了口氣，老師能看出來事情的本質我是很欣慰的，可看出問題了又能怎麼樣呢？又沒辦法解決問題。

消滅顓臾已經勢不可擋，根本不是我能阻止得了，可在老師眼裡，這就是我失職的表現。

據說後來，季孫家裡一個叫季子然的人問老師：「子路和冉有算大臣嗎？」

老師生氣地說：「所謂大臣，是以道義輔佐君主的人，這兩

個不成器的傢伙，不過是個家臣罷了。」

我與子路學長得知後，只能相顧苦笑。

（四）

我們與老師的這種奇怪關係並沒有維持多久，因為季孫氏察覺到老師把他們當作敵人以後，對我和子路學長也有了芥蒂與防範。

後來，他們索性把我們二人炒了魷魚。

失去了官職的我們，有沮喪，也有開心，開心老師對我們的態度又重新好了起來，噓寒問暖的，讓人心裡暖洋洋，連丟官的失落心情都減輕了不少。

不過三桓與老師的矛盾並沒有到此為止，而是繼續激化，這主要體現在兩件事上。

第一件，是齊國送來了大量的美女，季孫大夫慫恿國君接受，兩人在家裡夜夜笙歌，朝政都不予理會。

第二件，當時我們魯國舉行郊祭，按照以往慣例，每個大夫都會收到一塊祭肉，別人都收到了，只有我們老師沒有。

這兩件事讓老師十分憤怒，他一氣之下，決定離開魯國，前去衛國，開始周遊的生涯。

我果斷和老師一起。

……

在跟隨老師的日子裡，我學到了不少。

比如，政治上的一個本質問題：物質文明與精神文明，哪個重要？

我知道，後世的人都認識我的老師，但真正了解他的未必有多少。

不信？

那麼我就用這個問題來考考你們大家。

請問，在我老師孔子眼裡，物質文明和精神文明，哪種更重要？

A：物質文明

B：精神文明

C：都重要

D：都不重要

……

好了，請問，在你們的印象中，老師會選哪個？

什麼？都不重要？這怎麼可能！

選都重要？別鬧，那個選項是湊數的。

好吧，正確答案是——物質文明。

故事是這樣的。

在我們一行人前往衛國的路上，作為老司機的我在前面駕著車，老師坐在後面看著街道兩旁的人山人海，不禁感嘆說：「衛國的人就是多啊。」

我豎起耳朵聽見了，就問：「那人既然夠多了，下一步應該怎麼辦？」

老師說：「讓他們富裕。」

我問：「然後呢？」

老師說：「再教育他們。」

……

這就是老師的治國順序：先物質文明，後精神文明。

後世無數人，片面指責老師重精神，輕物質，其實都是之後儒家學者對老師學說的誤解。

齊國的管仲曾說：「倉廩足而知禮節，衣食足而知榮辱。」老師曾經在齊國待過一段時間，深受管仲思想的影響，後來還常常跟我們說：管仲，是個仁人。

我聽說，後世的中國人，常被批評沒素質，那麼作為老師學生的我，便用老師的視角來分析這個事。

首先，在上個世紀，新中國剛剛建立，大家都窮，沒飯吃，沒衣穿，在生活困苦、經濟基礎淺薄的環境下，成長起來的人素質自然跟不上。

是的，這些人後來也學習了文化、有了知識，可是價值觀與性格都是在小時候塑造的，小時候窮苦的成長環境，使得那種不拘小節的生活習慣，深深地烙印在他們的靈魂中，成了本性，實在難移。

別說他們沒素質，在他們青少年時期所生活的年代，太有素質的活不下來。

而如今不一樣了，經濟發展起來了，新一代的大學生相對上一代，素質方面就好多了。

不論有些人再怎麼稱呼新一代年輕人是「垮掉的一代」，卻始終無法否認，在銀行裡規規矩矩排隊的是年輕人，在地鐵上安安靜靜看手機的是年輕人，大街上會隨手幫人撿起掉落物品的還是年輕人。比起上一代，新一代年輕人有更寬廣的視野與

更恢弘的氣度，而那些在大街上蠻橫不講理、公車上大叫耍流氓、隨地吐痰髒話連篇的，反而是那些當年批判新一代的老一輩。

別說一代不如一代，事實上歷史無數次證明了，一代更比一代強，而背後的邏輯，就是經濟發展。

而老師的治國邏輯就是這樣，先富，再談教育。吃都吃不飽，沒錢用，還傷春悲秋個什麼？窮瀟灑，矯情。

……

只是可惜，老師躊躇滿志，卻並沒有得到衛靈公的重用。

老師很沮喪。

我也為他傷心，真的。

（五）

那一年，衛國爆發了內戰。

事情的來龍去脈是這樣的。

衛靈公有個兒子，叫蒯聵，他看不慣老爸被南子戴綠帽子，所以打算買兇殺了南子。

結果失敗，蒯聵跑了。

衛靈公臨死前，將位子傳給了蒯聵的兒子，也就是自己的孫子姬輒，這就是衛出公。

可有一個人不開心了。

那就是蒯聵。

按理來說，自己兒子當了國君，做老爸的應該高興才對，可

蒯聵不買帳，非得讓兒子把國君的位子交回來，還在晉國的幫助下，大兵壓境，與兒子對峙。

再按理來說，衛出公畢竟是蒯聵的兒子，如果感念一些父子親情，主動把君位交出去，也能息事寧人，可是衛出公也不幹，寧可和老爸斷絕關係，也要保住君位。

就這樣，一對活寶父子在衛國劍拔弩張起來。

當時，我們一行人就在衛國，身處漩渦之中，所以我很好奇老師會不會幫助衛國國君。

不過，我這個人向來不喜歡問問題。

所以我找了好朋友——子貢。

子貢這個人，一向伶牙俐齒、妙語如珠，讓他去問，最好。

那天，我倆在一塊聊天，我故意打開話匣子：「你感覺，老師會幫助衛國國君嗎？」

子貢立刻就明白了我的心思。

我喜歡跟子貢這樣的聰明人說話，凡事不需要說得太透，太透就沒意思了。

他會意一笑，說：「我知道你的意思了，我這就去問老師。」

他進屋去找老師，過了一陣兒，走了出來。

我問：「怎麼樣？」

他高深莫測地一笑：「老師不會幫助衛國國君的。」

他講了他問老師的經過。

子貢一進去，見到老師，並沒有直接問，而是旁敲側擊：「老師，伯夷、叔齊是什麼人？」

老師說：「古代的賢人。」

子貢：「他們有怨恨嗎？」

老師：「求仁得仁，怨恨什麼？」

……

就這樣，子貢斷定老師不會幫助衛國國君。

啊，沒聽懂啊，好吧，我來解釋一下。

伯夷和叔齊是孤竹國國君的兒子，是對非常有愛的兄弟，他們的父親生前喜歡叔齊，所以死後就把君位傳給了叔齊。

可叔齊卻覺得對不起大哥，覺得大哥受了委屈，就把君位還給了伯夷。

伯夷不接受，說既然父親傳給了你，那就是你的，堅持推辭不要。叔齊急了，說你要是不接受，就是瞧不起我，你自己看著辦吧。

伯夷沒辦法，他就跑了。

人都跑了，能怎麼辦？

叔齊差點沒哭出來，該死的君位，都是因為你才害得哥哥離我而去。

叔齊也跑了，找他哥去了。

孤竹國沒國君了。

（君位：我招誰惹誰了！？）

所以，伯夷和叔齊的謙讓，與衛君父子的反目，這個對比簡直鮮明得不能再鮮明。

老師既然稱讚伯夷叔齊，那麼衛君父子自然都不是什麼好東

西，老師當然不會幫助他們。

不過後來，蒯聵還是攻入了衛國首都，衛出公出逃，衛國大亂。

子路學長就是死在了那一場動亂之中。

（六）

我想我跟大家說過，我是一個老幹部。

說白了，就是內向，謹小慎微。

老師也曾試圖改變過我的性格。

有一回，我問老師：「我聽到了一個道理，要立即去做嗎？」

老師回答：「那當然，去做，快點！」

過了幾天，我聽說，子路學長當時也問了同樣的問題，而老師的回答卻是：「有父兄在，應該先問問他們的建議才行。」

我聽說這件事後有點糊塗，為什麼老師給我們的答案不一樣？

當晚，我翻來覆去睡不著覺，心想老師給了兩個截然相反的答案，那麼必然是一對一錯，老師那麼喜歡子路學長，那麼肯定不會晃點他，那麼被晃點的人是誰，還用說嗎？

我感到有點委屈。

那幾天，我精神一直萎靡不振，直到後來，才從公西華口中得知了事情的原委。

當時，我和子路學長問問題的時候，公西華就在老師旁邊，當老師先後回答完我們的問題後，公西華也是滿頭疑惑，就問

老師，為什麼給的答案不一樣？

老師語重心長地說：「子路太過魯莽，所以我得拉著他一點，冉有總是退縮，所以我要推他一把啊。」

聽完後，我呆愣愣站在原地良久……

想哭，感動的。

……

我們魯國的鄰國是齊國，幾百年來，兩國摩擦不斷，經常爆發戰爭。

到了我們這一代，齊國強盛，魯國弱小，人家再來打，我們已經沒有還手之力。

也不知道誰大舌頭，向季孫的新一代家主季康子說，我在打仗方面很在行，結果季康子特意派人來邀請我回去，助祖國一臂之力。

我下意識看向老師。

老師對我點頭，說回去吧，祖國需要你。

我一言不發，現在回去，對我自己的前途而言，是最好的選擇。所以我潛意識裡是想回去的，而老師的默許，更是給我一個當「逃兵」的理由，讓我安心離開還在流浪的大家，獨自安享榮華富貴。

我背上行裝，踏上了回國的路途。

臨走的時候，子貢叫住了我。

我以為子貢會罵我的，或者羞辱我幾句。

但是沒有，子貢只是囑咐我：「你回到魯國後，一定要想辦法，讓魯國的權貴們把老師迎回國。」

他看著我的眼睛，肯定地說：「如果是你的話，肯定能做到。」

我回應他：「這件事，就算做不到，我也會去做。」

……

回到魯國後，季孫氏對我十分器重，讓我擔當季孫家族的家宰。

沒過多久，齊國的大軍再次殺氣騰騰地出現在我國境內。

我帶領魯國的好男兒，與齊國軍隊奮勇搏殺，終於將敵軍趕出了國境。

季康子大喜過望，問我兵法是跟誰學的？簡直用兵如神！

我知道，時機成熟了。

我告訴他：「是跟我老師孔子學的。」

我沒有要任何的賞賜，只是懇求他們把我的老師接回來。

老師年紀大了，一個人在外面飄零，我看在眼裡，真的很心疼。

季康子沉默許久，同意了。

我長長舒了口氣，我的老師終於可以回國了。

（七）

我從沒想過，我與老師最後的結局，竟然會走向狗血。

我們師徒反目了。

老師回到魯國時，已經六旬高齡，垂垂老矣，人老了，也變

得十分固執。

比如，他對季孫氏的偏見，也更加的深厚了。

作為季孫氏的家宰，老師連帶看我也不順眼。

直到有一年，季康子不知道哪根筋不對了。

他居然決定去泰山祭天。

在當時，泰山是中國的聖地，上古七十二位大帝就在此地封禪，而季孫氏不過是一個魯國大夫，居然要在這裡祭天，維護《周禮》的老師肯定接受不了。

接受不了，就來問我：「你能阻止他嗎？」

我真的很為難。

我只是個家宰，也是個要在官場拚博的普通人，人家說人在江湖，身不由己，更別說還是在廟堂之上，所以我只能無奈回答：

「不能。」

老師唉聲嘆氣，我知道，他對我的回答很失望。

我解釋說：「不是我不聽您的話，而是我地位使然，我實在是做不到啊。」

我希望老師可以體諒我的苦衷。

畢竟我也只是一個替人家打工的。

你要我怎樣？能怎樣？

可老師並不接受我的解釋，認為是我一意孤行。

又過了不久，季康子為了搜刮錢財，又開始了賦稅改革。

而這個以搜刮錢財為目的的改革任務，交給了我。

我別無選擇。

那幾天，我一直忙著為季康子收斂錢財，我知道有不少人都在罵我，說我是季康子的走狗，我沒有反駁，因為確實如此。

我沒有勇氣放棄眼前的一切，那麼就只能選擇默默承擔。

幸好，我還有老師，還有同學，大家一定會理解我的。

那裡，是我心靈最後的港灣。

終於，改革落幕，我也終於從焦頭爛額的工作中解脫了出來。

我第一時間，就迫不及待買好禮物，去學校看老師，並且做好了被他臭罵的準備。

可終究是沒見到老師。

我被攔在了門外。

我明顯察覺到，同學們看我的眼神變了，帶著不加掩飾的敵意。

怎麼回事？到底怎麼了？是因為我去搜刮錢財嗎？可命令明明是季康子下的，我只是個無可奈何的執行者，我沒有選擇。

我心慌了，卻不知道如何向老師解釋。

這時候，子貢出來了。

他略帶尷尬地告訴我，我強徵賦稅的事，老師已經知道了。

老師對學生們說：「冉有再也不是我的徒弟了，你們都可以攻擊他。」

我被逐出了師門。

（八）

老師去世那年，我也恬不知恥地參加了葬禮。

我不知道自己有沒有資格，不過或許是因為我在學校的資歷較老，又或許是因為舉辦葬禮的是子貢，所以沒有人敢攔住我。

在老師死後，學校派系林立，幾大勢力在校內龍爭虎鬥，逐漸有學生離開學校，在其他地方辦學傳道。

子貢找到了我。

他說，不希望老師的道就此失傳，他想讓老師的學說流傳千古。

我點頭，告訴他我也是這樣想的。

子貢接著告訴我，老師原本的想法，是由顏回繼承他的衣缽，傳承他的學說，同時依靠子貢的錢與子路的權來為顏回護航，可世事無常，顏回與子路死在了老師前面。不過幸好，新學生子夏、曾參等人也已大有進步，在學術上的造詣未必輸給顏回，而如今我也身居高位，所以，子貢希望由我接替子路的任務，我們權錢結合，為傳播老師的學說撐起一個保護傘，讓老師的理念可以在全大卜開枝散葉。

我答應了。

……

在我和子貢的照顧下，學弟們可以安心鑽研學問、教書育人，將老師的學說發揚光大。

後來，老師的學說自成一派，有了一個光耀千古的名字。

儒家學派。

我感到很自豪，因為我有這樣一位偉大的老師。

可是，老師，你真的還認我這個學生嗎？

人在官場，身不由己，我也希望像老師期望的那樣，按照《周禮》為國君效力啊。

可現實是，魯哀公早已成了傀儡，我也要生活，我也要前途，我也有自己的事業，所以我只能跟季孫氏一路走到底。

我又能怎麼辦呢？只好嘆一句造化弄人罷了。

如今，我與老師都已經作古，而現在，我身在黃泉，終於鼓起勇氣去見我的老師了。

不知道老師會不會原諒我？

嗯，祝我好運吧，謝謝。

第六章

宰予：如果你不喜歡我，那就宰了我

（一）

「小明，滾出去！」

看到這句話的時候，我不由自主想起了《論語》裡的一個人。

說起來，在我的眼裡，《論語》本不應該是有趣的，它給人的印象，大多是枯燥與乏味。

然而，正是因為有了他的存在，讓這本晦澀的書有了另類的活潑。

他仿佛是孔子的冤家，孔子上輩子欠了他很多錢，這輩子他成了孔子的學生，專門來討債。

因為他總是喜歡拆老師的台，但與子路直愣愣的抬槓不同，他最喜歡耍小聰明，嘴巴裡各種歪理，一本正經的胡說八道，把我們的孔老夫子氣得直跳腳。

在孔子的諸多學生中，他有嗆死人不償命的毒舌，成了孔門裡不一樣的煙火。

可以說，他一個人，幾乎承包了《論語》的所有笑點。

他就是孔門中，永遠坐在最後一排守著垃圾桶的調皮鬼。

他的名字，叫做宰我。

（二）

宰予，字子我，所以，你也可以叫他「宰我」。

完全無法理解他的父母腦袋究竟裝了什麼，給兒子取名居然如此走偏鋒，你完全可以理解成：宰了我吧。

好吧，我開玩笑的。其實「宰」在古文裡，是「主宰」的意思，所謂宰我，正確的翻譯是：

我的地盤我做主，我的人生我主宰！

這樣怪裡怪氣的名字，如果不搭配一個有趣的靈魂，那多可惜？

……

宰我，魯國人，言語系的學生。

算起來，他入學時間很早，還是子貢的直系學長。

不過，雖然他和子貢的優點都是口才好，但在本質上，這兩個人完全不同。

舉個例子，在孔子去齊國的時候，宰我就隨行身側，當時，齊景公有一個寵臣叫梁丘據，不小心讓毒蛇咬了一口，在床上躺了好幾個月才痊癒。

在梁丘據上朝的當天，朝野上下無不彈冠相慶，一幫拍馬屁的大臣爭相進獻藥方，恰好宰我也在場，看到這一幕，諷刺了一句：

「藥方是用來治病的，人家梁大夫的病已經好了，如今你們才來進獻藥方，難不成是希望人家再讓毒蛇咬傷一次？」

最怕空氣忽然安靜。

所有人都沉默，諂媚的大臣集體尷尬。

宰我太毒舌了，總是喜歡和人詭辯，讓人恨得牙癢癢，而且他名字還取得這麼挑釁，實在是太容易得罪人了。

常掛在他嘴邊的一句話：「呵，一個能說的都沒有。」

顯然，這就是個不懂為人處世的。

在齊國的這一句話，宰我把齊國公卿全得罪了。

我們可以想像，這如果是子貢，他即使看不過眼，也絕對不會多嘴，就算多嘴，也會說得委婉，在批評對方的同時，巧妙保全對方的面子。

而宰我不同，他會憑犀利的言辭和縝密的邏輯，把對方給說得無地自容、精神崩潰，恨不得自絕以謝天下……

兩個人雖然都是言語系，但不一樣。

子貢會聊天，適合當個公關。

宰我會雄辯，比較適合當個律師。

（三）

「我一向是有話直說的，這就是我的忍道！」

這是《火影忍者》裡，主角鳴人的經典語錄。

其實換成宰我，也毫無違和感。

有一回，魯哀公問：「祭祀土地神的社樹應該用什麼？」

宰我快人快語：「夏朝用松木，商朝用柏木，周朝用栗木，為啥要用栗木呢？因為要使『老百姓顫慄』嘛！」

讓老百姓顫慄？

不會吧，偉大的《周禮》還有這麼陰暗的一面，我讀書少你可別騙我。

他再一次完美說明了有話直說是一種怎樣的體驗，毫不留情地把《周禮》見不得人的那一部分揭露出來。

他沒意識到，魯哀公就是周公的嫡系後代，而《周禮》就是周公訂立的。

在周公後人的面前批評周公，這很容易陷入冷場。

還有一點，就是孔子學校就是提倡《周禮》救世的，他這一快嘴，差點沒把老師孔子給氣死。

果然，後來孔子聽說了這件事，不禁埋怨：「事都過去了，還揭人家底幹嘛！？」

可是他依然故我。

所以，他的人緣十分差勁，在孔子的學生裡，沒聽說過他和誰比較要好的。

大家都不喜歡和他做朋友，並且還向他翻了一個白眼。

而他卻依舊我行我素，我的世界我做主。

怎麼？不服你來宰我呀！

（四）

曾經，孔子是非常喜歡他的。

有趣的靈魂、奇妙的腦袋，誰不喜歡？

然而，我也說了。

是曾經……

在孔子的學生裡，敢質疑他的不多，即使有些問題，好學生不會問，壞學生又不敢問。

但總是有例外。

一個例外是子路。

另一個就是宰我。

他是一個敢反駁老師的學生。

和子路的簡單粗暴不同，他質疑起來，角度刁鑽、也很古怪。

他的質疑精神似乎格外強烈。

對鬼神這些迷信，孔子雖然不講，但也保持著敬畏。

只有宰我擺出一副不屑一顧的樣子。

他說：「鬼神？不存在的！全都是胡扯。」

對於權威他也不盲從。

他曾經問孔子：「我聽說黃帝活了三百歲，這黃帝不是人吧？」

黃帝是誰？是中華民族的始祖，是所有中國人的老祖宗。

他不管，反正不合邏輯，就要批評。

最後還是孔子東拉西扯，才圓了過去。

他更不拘禮法、隨心所欲。

周遊列國時，一行人路過當年的商朝故都朝歌。

商紂王曾經在這裡荒淫無道，以至於亡國，所有人都覺得這裡是個不祥之地。

顏回不願意在這裡留宿，其他學生也紛紛掩目，不想看這個

鬼地方⋯⋯

只有他不管這一套，自顧自地扭頭看了過去。

結果被性格暴躁的子路一腳踹下了車。

（五）

以前班上總有幾個調皮的學生，以為難老師為樂，總是喜歡挑老師的錯。

他，就是這樣的「非主流」。

⋯⋯

人生，總會給我們出一些為難的選擇題。

比如⋯⋯

女友和老媽掉水裡了，你先救誰？

廣大男性同胞們：「emmmmm⋯⋯」

而當他想升級到「仁」的境界時，「非主流」就給老師拋出了一個選擇題。

他不好好問，非要不走尋常路。

「老師您天天講仁，那麼我現在告訴您，井裡就有仁，您會跳井嗎？」

看著他露出奸詐的微笑，孔子真想講一句：就你小子問題最多！

這個選擇題，無論怎麼選都是錯，沒人活得好好的跑去跳井，況且孔子也說過要「明哲保身」，如果回答跳，那豈不是傻了？

可如果說不跳也不行，因為孔子還說過要「見義勇為」，不跳，豈不是孔老師言行不一？

先救女友還是老媽。

這是個問題。

很多人在這樣的選擇上陣亡。

然而……

孔子是誰？

很多時候，當別人只告訴你兩個選項的時候，我們總是潛意識落入別人設定的答案中。

為什麼我們不能有自己的答案？

孔子的解決方案是，兩個選項都不選，而是去尋找第三個答案。

「就算井裡有仁，我為什麼要跳井呢？我可以去井邊先看看，仁是不是在裡面，你可以欺騙君子，但不能捉弄君子，你以為君子傻嗎？」

他跳出了宰我設置的陷阱，自己找到了答案。

現在，究竟是先救女友還是老媽，你有答案了嗎？

……

無獨有偶，還有一次經典對話。

在當時，父親去世，兒子必須披麻戴孝，守喪三年，孔子對此表示大力支持。

但事實上，在當時，認真遵守三年之喪的人並不多，大部分都是敷衍了事。

所以，他說：「三年之喪，太長了。」

孔子沉重地嘆了一口氣，他知道這臭小子又要來亂搞了。

宰我詰問：「老師您教導我們，要維護禮、維護樂，可如果我們去守喪，三年不為禮，禮就壞了，三年不為樂，樂就崩了。禮壞樂崩，這怎麼行？」

最後，他做了一個總結：「在我看來，守喪一年就行了。」

與其馬馬虎虎應付三年，不如認認真真居喪一年，難道不是嗎？

孔子不知道如何對答。

因為從實際上講，他是對的。

孔子問：「父母過世不久，你就吃大餐、穿名牌，你良心不會痛嗎？」

孔子以為他會說痛。

他：「不會啊。」

因為他本來就不是來問問題的，他是來逗老師玩，看老師出糗的，回答不會也不意外。

「你開心就好。」

孔子說：「君子居喪，是因為父母過世，所以吃美食，他感覺不可口，聽音樂，他感覺不快樂，住在家裡，也感覺不舒服。如果你沒心沒肺，那我也不勉強你，你去做吧！」

他見情況不對，趕緊落跑。

這小子還挺機靈。

……

可是……

看著他的背影，孔子說出了一句話：

「宰我這個沒人性的傢伙，三年之喪是天下通行的辦法，嬰兒還要在父母懷裡待三年呢，難道他沒在父母懷裡享受過三年的疼愛嗎？」

（六）

他雖然很會玩，可是因為太頑皮，經常鬧事，孔子對他再也沒有了最初的喜愛。

孔子對他開始愛理不理。

沒有人陪他玩的宰我，大白天也沒事做，於是就呼呼大睡。

這一睡懶覺，就被孔子給撞見了。

「朽木不可雕也！糞土之牆不可汙也！我都不知道該罵你什麼才好了！」

說完，孔子依舊喋喋不休：「這小子之前還向我保證要好好學習，結果一轉眼就睡懶覺。以前我是聽人家的話就相信人家，現在我不僅要聽人怎麼說，還要看人怎麼做，這都是拜宰我所賜！」

這一下，宰我直接爛泥扶不上牆，「壞學生」這三個字，就註定釘在他的腦袋上了。

因為這件事，孔子越來越不給宰我好臉色看。

同學們對他也沒有什麼好感……

所以，他很識趣地選擇了離開。

至於去了哪裡，始終是一個謎。

（七）

根據一名不願意透露姓名的司馬遷先生爆料：宰我離開孔子後，去了齊國，投靠了田常，後來與之作亂，殺了齊簡公，最後被人誅了三族，孔子聽說了以後，深以為恥。

可事實上，當時在齊國，田常的勢力一家獨大，既然宰我投靠的是田常，又怎麼會被滅三族？

而且，根據《孟子》記載，孔子死了以後，宰我依舊還活著，被殺？滅族？根本不可能。

真相是，那是一個叫闞止的人，也字子我，只是同名而已，可後來的專家們不管，他們一口咬定，就是這小子！

誰叫你是壞學生？

可恰恰就是這個壞學生，在孔子過世後，列國颳起了一陣誹謗孔子的風潮，在對孔子的一片質疑中，宰我站了出來，為孔子辯護：

「我的老師比堯舜還要偉大！」

原來這個壞學生從來沒有埋怨過自己的老師。

……

或許我是你最差的學生吧。

但在我眼裡，你卻是最好的老師。

（八）

東漢的王充認為，孔子對待宰我，似乎有點過分了。

事實上也確實如此，宰我雖然大白天睡懶覺，難道就代表不好學？

有一次，宰我想一天請教完上古五帝的事。

孔子說：「你這也太急了。」

宰我又用孔子說過的話來詰問：「以前老師您說過『有問題不要過夜』，所以我才問的。」

孔子一邊懷疑自己是不是上輩子欠了這小子一筆鉅款，一邊把上古五帝都講完了。

而這個故事豈不是也反映了，宰我也是好學的嗎？

他喜歡質疑老師，經常讓老師下不了台，可這對孔子其實是一種幫助，因為時時有個學生在下面準備挑戰你，反而迫使孔子做學問更加嚴謹。

李曉鵬（中國知名學者）說：「一個人要進步，一是要看一些比自己想的深刻的東西，二是要看一些跟自己觀點不同的東西。前一種深奧難懂，後一種令人反感，總之，都不是令人舒服的。」

一個人想要進步，就別想著舒服。

孔子晚年曾經感嘆：「顏回這孩子，我說什麼他信什麼，從來沒有提過反對意見，但他不是幫助我的人。」

可見，在孔子晚年也意識到了，一個人如果只去接觸自己喜歡的、願意接觸的人和事，雖然感覺很舒服，但對自己沒有好處。

　　不知道，孔子晚年在感嘆好學生對自己沒有任何幫助的時候，還會不會想起，自己曾經有一個喜歡質疑自己的壞學生，叫作宰我？

　　故事的最後，我想用部落客阿魚的一句話來作為結尾：

　　「顏回那樣的聖人，我是做不到的，像子路這樣快意恩仇，我也沒那個種。還是就像宰我吧，實在覺得我窩窩囊囊不像樣，就宰了我吧。」

第七章

子夏：孤獨的人，請回家

（一）

「先生，您的老師孔子，是一個怎樣的人呢？」

問話的人，是戰國初期第一強國魏國的國君，魏文侯魏斯，他提問的人，是一個雙眼失明、風燭殘年的老人——子夏。

這時候，子夏已是名滿天下的一代大儒，在西河自成一派，魏文侯以師禮事之，號稱「王者師」，門下弟子更有李悝、吳起、段幹木等當世豪傑，比起孔子生前的門生盛況，也不遑多讓。

可當自己的學生問起這個問題時，子夏不禁翹起了唇角，一幕幕畫面，不停地在他的腦海中浮現，這樣一個年近百歲的老人，他在笑。

誰能想到，如今的「王者師」子夏在當年，曾是個沒文化、沒見識，跟成功八竿子打不著的窮孩子呢？

那時候，他吝嗇、小氣，眼界狹小，脾氣還特別怪，人人都嫌棄他。

直到他遇見了孔子。

那個人，不嫌棄他。

……

那個人教導他，要讀書、要識字，費力打磨他的個性，讓他

懂得為人處世的道理。

他成了孔子晚年最喜愛的學生之一，在顏回死後，他成了傳承孔子學說的幾個候選人之一。

……

孔子臨死前，將自己最重要的兩部書《詩》、《春秋》傳給了他，這兩部書，寄託著孔子對子夏最深切的希望。

孔子去世了。

他把那兩本書抱在懷裡，躲在角落啜泣，長號而不自禁。

……

自己的老師是一個怎樣的人呢？

「我的老師嘛，遠遠看著他，感覺莊嚴、古板，接近他以後，又發現他很溫柔、和藹。」

他低頭輕笑，懷念：「就是在講課的時候，超級嚴厲。」

摩挲著被匆匆時光染白的鬍鬚，恍然一瞬間，已失明的他，眼前好似重現了那段已經逝去的年華。

（二）

卜商，字子夏，衛國人。

他家裡很窮，衣著破爛、蓬頭垢面，他既自卑，也有窮人家的骨氣，這兩種矛盾的性格，同時存在這個十歲的孩子身上。

他的性格很怪，因為他要用孤傲來掩飾自卑，所以給人的感覺很不近人情。

他成了方圓百里知名的怪小孩，孤僻、獨處、吝嗇、不可理

喻。

後來，孔子來到了衛國。

面對性格陰鬱的子夏，孔子卻感覺到一種說不出的親切，於是想收這個孩子為學生。

能拜在名滿天下的孔夫子門下，他的父母自然受寵若驚，當即決定將十歲的子夏送到了孔子身邊。

子夏家境貧寒，沒錢更沒地位，和那些光鮮亮麗的同學相比，他就是一個落入天鵝群裡的醜小鴨。

他更加自卑了。

也更加孤僻。

……

他的成績很優秀，總是擺出一副不屑與他人為伍的模樣。

實際上，又何嘗不是用自己的方式去維護自尊？

但是同學們不會想那麼多。

他們說：成績好了不起啊？還瞧不起我們，什麼玩意兒！

對於子夏，大家都很敵視。

其實他們不懂，子夏才怕他們瞧不起自己。

所以，他固執地蜷縮在自己的剪影裡，唯恐被刺傷。

因為孤單，所以淡然。

……

子夏在學校，一向省吃儉用，捨不得用錢，所以人也很吝嗇。

有一天，孔子剛要準備出門，怎奈天公不作美，下起了傾盆

大雨。

同行的學生想了想，說：「老師，子夏有把好傘，我們去跟他借吧。」

誰不知道子夏在這方面向來斤斤計較，這顯然是討厭子夏的學生故意出的餿主意。

孔子看出來了。

他果斷拒絕。

他說：「子夏這孩子，不是個大方的人。你們要想和一個人長久做朋友，就要多看人家的優點，而不是觸碰人家的缺點。」

孔子知道，自己去借傘的話，子夏不可能不借，若子夏借給他，心裡也肯定會不好受。

孔子對子夏的缺點給予了尊重。

……

子夏為人斤斤計較、貪圖小利的毛病，孔子也十分擔心，他經常對子夏說：「你要當君子儒，千萬別當小人儒。」

孔子告訴他，不論你的起點多低，但你要告訴自己，將來要爬最高的山、走最遠的路。別把力氣都用在這些枝微末節上，划不來。

有鴻鵠之志的人物，怎麼能像燕雀一樣思考？

子夏去做官，問怎麼做好政治。

孔子說：「別求快、別貪小利。」

這是孔子思索再三的答案，針對他一味求快、總在乎蠅頭小利的特點來說的。

後來，子夏當了幾年官，回來了。

子夏的性格孤傲狂狷，與官場格格不入。

他的朋友曾參問：「你家裡那麼窮，怎麼不去當官？」

子夏高傲地說：「現在的諸侯與大夫個個跩到不行，我才懶得給那種人打工！」

……

子夏告訴老師：「學而優則仕，仕而優則學。」

他不想當官了。

他想做學問。

（三）

子夏報的科系，是文學系。

這個科系，之前講過，都是一些文藝青年，經常研究一些古典文獻，是孔子傳授的四個科目裡，對後世影響最大的一門專業。

他對古典文獻，向來有一套與他人不同的見解，看待問題的角度也十分刁鑽，得出的結論也和正統觀念大相逕庭。

有人指責他：「真是個異端！」

他不理會，繼續用自己的方法解釋詩與歌謠。

子夏在學術上的一意孤行，受到了後世許多學者的批評，甚至有人罵他是儒家的叛徒，對儒學胡亂鑽研，結果他教出來的學生都成法家了。

可很少有人注意一點……

孔子對此毫無異議，而且很支持。

所以，孔子將《詩》傳給了他。

……

孔子在晚年，致力於編訂書籍，最經典的一部莫過於《詩經》。

原本的《詩》是自從周代以來，各地方蒐集來的民歌，共有三千多首，內容良莠不齊，於是孔子決定化繁為簡，對這些詩歌進行篩選刪改，於是，就有了今天的《詩經》三百首。

然而，這個工作量可不是鬧著玩的，所以孔子只是擔任主編，他還需要一個助手。

對於選擇誰，孔子一直拿不定主意。

恰好，這一天，子夏拿著《詩》來詢問老師。

「巧笑倩兮，美目盼兮，素以為絢兮。這是什麼意思？」

這句話出自《詩經‧衛風‧碩人》，從字面上看，是描述一個美麗的女孩子，笑起來兩個酒窩，非常好看，靈動的眸子看過來，撩撥人的心弦，明明是素顏，卻依舊光鮮到令人眼睛一亮。

但文學之所以叫文學，就在於它不可能這麼簡單。

你看，魯迅一個「呵呵」，也能被解釋成批判萬惡的舊社會與封建禮教，那這《詩》裡的句子，肯定也要隱含思想，對不對？

子夏也想明白，這句話表達了怎樣的含義。

孔子摸著下巴想了想，說：「繪事後素。」

這就是說，做人先有一個底了做基礎，然後在這個基礎上發揮。

詩句裡，這個女孩子為什麼笑得好看？因為牙齒襯托了朱唇。為什麼眼睛好看？因為眸裡的白色襯托了黑色。

就如同你畫畫，需要先鋪一張白紙一樣。

子夏沉默一瞬，說：「禮後乎？」

「嘶——」

孔子倒吸一口涼氣，詫異地看著子夏，目光裡又驚又喜。

孔子將文學比喻成畫畫，本以為扯得夠遠了。

誰知道子夏比他還能聯想，而且更加清新脫俗：那麼禮樂制度，就是做人做事的底子，對吧？

孔子欣喜若狂：「你啟發了我啊。」

一個在學習中不拘泥、不固定，而是有自己的主見，善於思考、聯想的學生，那簡直就是為修編《詩》而生的。

子夏得到了孔子的青睞。

他從文學系諸多學生中脫穎而出，成為了編纂《詩經》的首席助手。

所以說，人生的機會，總是會留給有實力的人。

（四）

孔子去世，孔門大亂。

今天的教育喜歡把所有學生培養成一個模樣，而孔子不同，他注重每個學生的不同個性，所以他的學生，每個人的模樣都不一樣。

正是因為不一樣，所以產生了矛盾。

　　在孔子生前，尚且可以壓服眾人，但孔子死後，他的學生們各顯神通、自立山頭，個個都宣稱自己才是老師的正統繼承人，鬧得孔門烏煙瘴氣。

　　原本，孔子是想將自己的衣缽傳給顏回，怎奈顏回死在孔子前面，而子貢和冉有都有各自的事業，宰予則是遠走他鄉。老一輩的學長大多凋零，於是，孔門新的校長，就只能在新一代的學生中選擇。

　　在子貢、子游等人的支持下，與孔子相貌最為相似的有若成為了新一任校長，但曾參竭力反對，後來又因為有若學術水準不行，門人提的問題支支吾吾無法回答，結果又被學生們轟了下來。這下整個學校徹底亂成一團。

　　當時，孔門分為三大勢力：曾參與子思一派、子張與子游一派，子夏自成一派。

　　子夏講究活學活用，與較為中規中矩的其餘兩派，在學術見解上完全不同。

　　其他兩派罵：「子夏就是旁門左道。」

　　他們都嘀咕，老師怎麼把《詩》和《春秋》傳給了這種人。

　　子夏性格何等傲氣，怎麼能忍？

　　後來，曾參一派，因為孔子晚年將孫子子思託付給了他，所以穩坐泰山，逼走了子張與子游。

　　而子夏與曾參，關係也開始勢同水火。

　　其實，他們曾經也是朋友。

　　曾幾何時，他們也曾醉臥原野看過滿天星空，也曾摟著肩膀放聲高歌，他們也曾一起年少輕狂、你說你的天高，我談我的海闊……

有一回，曾參問子夏：「你最近怎麼胖了？」

子夏一笑：「因為我戰勝了我自己，所以很高興，一高興，就胖了。」

曾參愣了愣：「什麼意思？」

子夏說：「我在想，仁義與富貴，得到哪個光榮，這兩種觀念在我腦子裡打架，弄得我茶不思飯不想。如今我覺得還是得到仁義比較光榮，既然想通了，當然胃口大開，就胖了啊。」

說罷，二人對視一眼，哈哈大笑。

……

然而，原本如此要好的朋友，

終究還是走向了對立面。

子夏負氣出走，離開了學校。

看向他離去的背影，曾參心中也有些酸楚。

罷了，人各有志。

……

子夏隻身來到了魏國的西河，在這裡開辦學校，招生傳道。

作為魯國孔子的高徒，子夏在西河設壇講學的第一天，就人山人海，連魏國上層的大人物，都非常關注。

不過雖然如此，魏國的高層對子夏並沒有太過在意，在他們眼中，儒學不過就是一堆心靈雞湯，儒者都是一群百無一用的道德先生罷了，別說子夏了，就算孔子本人來了，也不會對他們造成什麼影響。

然而，子夏第一天講學，一開口就把這些人給鎮住了。

「今天我來給大家講第一堂課，學習。我的老師曾經說過，學而時習之，不亦說乎。我認為，大錯特錯！」

台下幾個來湊熱鬧的貴族目瞪口呆。

這是個什麼情況？學而時習之，不亦說乎，不是孔子學說的基石之一嗎？這個子夏想幹什麼？

果然有人舉手提問了，那應該怎麼學習？

子夏說：「學習，就應該像工匠在作坊裡工作一樣，要每天不斷生產新的東西。」

有人疑惑，問是什麼意思？

子夏解釋：「這世上的學問是學不完的，哪有時間天天複習？有時間還不如去學習新的知識呢，對於舊知識，做到不忘就行了，還翻來覆去看什麼？遲早成書呆子！」

台下議論紛紛，大家都在交頭接耳、竊竊私語，這個人怎麼和他們想像中的儒者不一樣呢？

又有人提出問題了。

那麼請卜商先生告訴我們，應該如何學習？

子夏說：「你們覺得呢？」

下面有人回答：「讀書？」

子夏搖了搖頭。

台下再次騷動，大家一致看向子夏，想看看這個與眾不同的儒者又會如何語出驚人。

子夏回答：「實踐！」

他說：「學習是為了什麼？學習，是為了明白道理，如果你

已經明白道理了，那還何必要學習呢？一個人，只要對君主可以做到忠誠，對父母可以做到孝順，就算這個人大字不識一個，我也認為他已經學習過了。」

子夏的聲音緩緩傳向周圍，台下一片寂靜，不出半點聲響，好一會兒，如同鼓點般的鼓掌聲與喝采聲漸漸響起，越來越大，響徹雲霄。

魏國的百姓與貴族，徹底被子夏折服了。

（五）

子夏的特立獨行，讓原本輕視他的魏國高層措手不及，他們開始重新審視這個年輕的孔門弟子。

孔子當年周遊列國，之所以備受排擠，是因為他堅持用儒家的《周禮》觀念治理國家，對其他方式都嗤之以鼻。

他認為：「攻乎異端，斯害也已。」提倡學生們好好學習儒學，對那些邪門歪道敬而遠之，最好不要去碰。

然而，那時候思想又沒有大一統，各國的貴族們信仰都有點多元化，你孔子跑過來這麼一搞，大家肯定都不舒服。

所以，有些貴族就打算試探試探，子夏對異端學說的態度。

沒過多久，子夏的回答就來了。

他說：「一個人，越博學越好，管他是不是異端，先拿來用了再說。」

魏國貴族們再次被挑戰了價值觀，所有人腦袋都發出了同一個問號：這人真是儒家的嗎？

子夏當然是儒家的了，那句話他還有後半段：

「雖然我提倡你們學習一些旁門左道，但這些東西當成輔助就行了，千萬不能拘泥於此，真正應該下功夫的，還是我們儒家的正統學說。」

一些貴族們又受不了了，說你們儒家學說對人的要求太多了，像個道德先生對人說教，嘮嘮叨叨的。

子夏微微一笑，回應說：「大德不逾閑，小德出入可也。」

翻譯過來，就是：

「一個人只要在大的品德上沒有缺陷，幹點偷雞摸狗的小惡，也是可以接受的。」

好吧，從前那個缺乏遠見、只關注眼前小利的子夏，如今竟然脫胎換骨，步入了另一個極端，成了只關注大局，對小節連瞧都懶得瞧了。

孔子臨死前，說：「我死了以後，子貢肯定會日日退步，而子夏則會天天進步。」

別人問為什麼？孔子的回答是，子貢喜歡和不如自己的人交朋友，而子夏喜歡和比自己強的人交朋友。

不知道孔子得知自己死後，子夏這種近乎變質般的進步，會不會感到哭笑不得。

（六）

子夏實用主義的風格，使得魏國的貴族心服口服，終於，那些魏國高層開始將家族子弟送到子夏的學校，拜子夏為師。

在子夏的諸多學生裡，既有在魏國主持變法的李悝，也有後來在楚國變法的吳起，都是後來在歷史上大名鼎鼎的人物。

當然，他最尊貴的一個學生，是魏國的國君——魏文侯。

透過以上的介紹，各位也都看出來了，子夏的思想偏向法家，後來在戰國時期，儒家分為八派，顏回、子張、子游等人都有傳承，唯獨子夏沒有，根本原因就是在戰國時期的人看來，子夏的傳承完全就不算儒家，而變成法家了。

子夏這一生心高氣傲，不肯紆尊降貴為當權者服務，所以並沒有真正涉入政壇，但並不代表他在政治理論上沒有建樹。

子夏作為王者師，他對魏文侯的為政是有影響的，而子夏在政治上的思想，基本上繼承自孔子。

孔子在政治上的理念中，有一點，就是大力提倡國家的信譽，

有一次，子貢就問過：「一個國家最重要的是什麼？」

孔子張口就說：「糧食、軍隊、信用。」

子貢問：「如果迫不得已要去掉一項，去掉哪項？」

孔子想了想，說：「軍隊。」

子貢繼續問：「要是再去掉一項呢？」

「糧食。」孔子說，「一個國家要是沒有信用，那才叫徹底完了。」

說白了，就是政府要有公信力。

子夏說：「一個國家沒公信力，再好的政策都沒辦法執行，因為老百姓不相信你會對他們好。」

不只在國家層面，從為政方面，子夏也自有一套官場經。

他說：「如果長官不信任你，再好的建議長官也不會採納，因為長官根本不相信你會對他好。」

後世的大臣，經常說「武死戰，文死諫」，所以經常會有一些犯顏頂撞的諍臣，但這些諍臣最後的結局都不怎麼好，一個死的比一個慘。

對此，子夏看得非常通透。

他認為，長官接不接受下屬的建議，關鍵看是否信任這個下屬。

如果你跟長官關係很好，長官知道你是為他著想的，所以信任你，那麼你就可以提建議，甚至頂撞他。

這樣一來，他就算再生氣，心裡也清楚你是為他好，就算否決了你的提議，也不會把你怎麼樣。

但如果你和長官的關係不好，你跑去指指點點，說他這樣不好、那樣不行，就算你是一片好心，在長官眼裡，你就是來找碴的，你算老幾啊你？

相對而言，子夏的學說更加務實一些，也正是因為如此，他才有別於孔子，開創了一個學術的新紀元。

正是子夏對魏文侯的影響，使得魏文侯在施政上對於公信力尤為注重，使得魏國政府行政效率人為提高，終於在戰國初期獨領風騷，成為天下第一強國。

而公信力，正是法家思想的基礎之一。

對了，子夏還有一個徒孫。

叫商鞅。

（七）

子夏晚景，很淒涼。

他唯一的兒子，英年早逝、先他而去，白髮人送黑髮人。

子夏悲痛欲絕，在哭泣中，因為太過悲傷，哭瞎了雙眼。

晚年的他，活在黑暗之中……

他心灰意冷，離群索居，一個人隱居，結廬而住。

亞里斯多德說：「離群索居者，不是野獸，便是神靈。」

子夏既不是野獸，也不是神靈，他只是一個失去了兒子，也沒有朋友的孤獨老人。

這天，一個不速之客來到了子夏的家裡。

是曾參。

……

時隔多年，曾經同窗時一起躺在田野裡仰望星空、再到後來因為學術之爭反目成仇，到如今，二人雖然都成了享譽天下的一代宗師，可作為師兄弟，卻從來沒有見過一面。

當初二人斷交時尚且年輕氣盛、意氣風發，如今再次相見，卻是兩鬢斑白、垂垂老矣。

子夏不解，你來幹什麼？

曾參語氣惆悵：「我聽說，我的朋友失明了，我特來看望他。」

朋友嗎？

子夏想起了當年他們也曾醉臥原野看過滿天星空，也曾摟著肩膀放聲高歌，他們也曾一起年少輕狂、你說你的天高，我談我的海闊……

那些把臂同遊的場景，一幕幕在腦海中重播，恍若昨日……

如果自己當時不是那麼桀驁，哪怕退讓一點點，結局是不是會變得好一些？

有時候，悲傷與絕望實際上是同義詞，凡是達到了極致，沉重的負擔足以把人壓到萬劫不復。

終於，在痛苦的重壓下，子夏彎下了腰，卸下了從出生以來一直伴隨著他的驕傲，放下了骨子裡的偏執與桀驁。

他哭了。

他嚎啕大哭，仿佛要將這輩子沒掉完的眼淚，全都掉個乾乾淨淨……

面前的曾參心頭一酸，也哭。

如果此刻旁邊還有別人，看到這一幕可能會嚇得掉下巴。這兩個名滿列國、桃李滿天下的大宗師，棺材進了一半的老年人，此刻卻像個孩子一樣，抱頭痛哭。

他們在哭自己，也在哭對方，哭那些逝去的年華。

子夏哽咽：「我做錯了什麼？為什麼上天要這麼懲罰我？」

曾參聽了，哭罵：「你還敢說你沒做錯什麼？第一，你拋棄了大家，拋棄了學校，一個人跑去西河教學，這是不是錯？第二，你兒子死了，你卻不告訴大家，你還當大家是你朋友嗎？這是不是錯？第三，你不知道好好照顧自己，害得自己雙眼失明，你說說，這是不是錯！」

子夏聽了，一邊抹眼淚，一邊說：「對，是我錯了，是我錯了，我離開大家……已經太久了。」

已經太久了……

內心的落寞最後還是墜在地上，摔成了一朵美麗而暖心的花。

我的朋友，無論遭遇過怎樣的坎坷，請在嚎啕大哭中一笑而過。

……

子夏的故事，就寫在了這裡。

在故事的結尾，子夏與曾參沒有給人生留下遺憾，選擇了冰釋前嫌。

好多年以後，法家的商鞅與儒家的孟子，一同締造了中華民族兩千年來的形與神，而在他們二人的背後，依稀可以看到子夏與曾參身影並肩而立……

子夏的晚年，在曾參的陪同下，終於又回到了闊別幾十年的學校。

時光荏苒，兜兜轉轉，終究是回到了原點。

對了，晚年的子夏，還和曾參合力編寫了《論語》。我們今天看到的《論語》，至少有一半的內容出自子夏之手，這算是作為文學系高材生子夏對中國文化的又一大貢獻吧。

說真的，我很喜歡這個故事的結尾。

因為這個孤獨的人，終於回家了。

那麼，孤獨的你呢？

打算何時回家？

第八章

子張：一個直男癌的故事

（一）

從以前開始，孔子就覺得子張有一些性格缺陷。

幸好他生在了春秋末年，不然恐怕連老婆都討不到，這就非常尷尬了。

不過，至少在當時，子張其實還是很吃香的，畢竟當年的子張，也算是一位不遜於曾參、子夏的一代儒學宗師。

戰國時代，儒家的傳承一分為八，而排行第一的，就是子張一脈。

而很多人都不知道……

這一脈的創始人。

其實是個直男癌。

（二）

顓孫師，字子張。

老實講，我也覺得這個名字難唸，不過之所以無法略過子張的姓氏，是因為這裡面有一段不得不說的故事。

歷來史學界，都把子張說成是陳國人，是孔子周遊列國時，

第八章｜子張：一個直男癌的故事

路過陳國順便收的徒弟。

原因很簡單，顓孫氏出自於陳國，那麼子張不就是陳國人嗎？

這就有點想當然耳了。

事實上，子張祖上因為廟堂鬥爭的關係，家族遷到了魯國，並且在魯國繁衍生息。

而子張，實際上應該算魯國人。

和孔老師同鄉。

……

顓孫家到了子張父親這輩的時候，就已經衰落了。

子張從小，就和父親牽著牲口趕集，從事賣馬生意，以此糊口。

日復一日的趕集、買賣，讓子張的心頭生出了疑惑：我的人生，難道就只能如此了嗎？

他從父親的口中得知，自己的家族當年在陳國也是顯赫一時，而如今，居然要淪落到買賣牲畜以勉強度日的地步。

子張不甘心。

他想改變命運。

他渴望回到陳國，回到那個顓孫家族曾經盛極一時的地方。

可是，年紀小小的他，面對大大的世界，眼神迷茫。

這時候，一個白鬍子老頭出現在他的眼前。

那個老頭是個老師，據說很有學問，只要在他手下學習過的人，就算不會成才，也絕不會是個廢物。

175

子張覺得，那個人，可以為他帶來救贖。

他拜了那個人為師。

他堅信，自己的人生，在這一刻，改變了。

……

如果說，命運是一場誰都無法逃脫的棋局，而我們每一個人都在老天爺的操縱下身不由己。

那麼……

子張，他非要贏過老天。

（三）

孔子從沒有見過像子張這樣好學的人。

用廢寢忘食都不足形容，如果說顏回的好學讓孔子感到很欣慰的話，那麼子張的好學，就讓孔子心裡頭有點發慌了。

他和其他學生都不一樣。

子張從來都不是為了獲取知識而學習的。

他是為了改變自己的窮命而學習的。

這是一個窮人，最樸素卻也最心酸的想法。

……

在孔子的學校，如果說有人和子張的情況相似，那麼毫無疑問，應該是子夏了。

兩個人年齡相仿，而且都很窮，急需改變現狀，所以按理來說，他們二人應該成為好朋友才對。

然而並沒有……

不但沒有，子張與子夏反而成了死對頭。

在孔子學院的後期，老一輩的學長都已經畢業，而這天資聰穎的兩人，就成了當時班級裡的風雲人物。

而且是經常互嗆的風雲人物。

子夏為人清高孤傲，整天一副不屑與人為伍的模樣，在學術上，更加注重實用，而不拘泥於書本。

子張恰恰相反。

子張的性格，說好聽了，是莊重、正義、有原則，說難聽了，是頑固、刻板、不懂變通。

子夏最討厭這種人了。

……

有一回，一個學生問子夏，如何經營好自己的人脈？

子夏說：「能交往的，就和他交往，不能交往的，就別搭理他。」

可以，這個回答很子夏，這也難怪孔子彌留之際會說，我死以後，子貢會一直退步，而子夏則會一直進步，因為子夏只和比自己強的人交往。

這個學生似乎對回答不滿意，轉眼又跑來問子張了。

子張回答：「作為一個君子，既能交往品德高尚的人，也可以容忍品行敗壞的人渣。所以，不管別人如何，我都會選擇博愛。」

這就很聖母了，表示不論對方怎麼樣，我們都要用愛來包容對方。

可既然如此，子張為什麼不包容子夏呢？

比如子張的這句話。

是不是在暗諷子夏不是君子？

……

關於子張與子夏這兩個風雲學生之間的恩恩怨怨，孔子也心知肚明，但他並沒有阻止，而是故意讓他們兩人良性競爭。

有一次，心思活絡的子貢就想套孔子的話，於是問孔子：「您覺得，子夏和子張誰比較賢能？」

孔子立刻就明白子貢的意圖了，心想，你這嘴巴這麼不牢，跟你一說，第二天全校豈不是都知道了？

他眼睛一轉，說：「子張有點過了，子夏有些不及。」

子貢楞了半天，才慢慢有些頭緒。

看來，老師心目中的賢能有一個固定標準，而子張同學超過了這個標準，子夏同學則是沒達到這個標準。

那麼子張同學既然超越了孔老師的標準，那是不是說，在老師的眼裡，子張同學比子夏同學要賢明得多呢？

子貢接著問：「那是子張比較賢能嗎？」

孔子一笑，吐出了一句成語：「過猶不及。」

超越了，和沒有達到，其實是一樣的。

說白了，各打五十大板，子貢這點套話的技術，還嫩得很呢。

（四）

子張對孔子而言，是亦師亦友的存在。

孔子最親近的三個學生，子路、顏回、子貢，而第四位，很多人都想不到——子張。

曾幾何時，孔子戲稱他們四個人是自己的四友，在周遊列國的艱苦歲月裡，正是他們四人在孔子身邊，才讓孔子的心靈有了堅實的依靠。

曾經有人問孔子，子張這個人怎麼樣？

孔子想也不想就回答：「莊重，我都比不上他。」

那人驚訝：「既然您都比不上他，那子張為什麼還要在您的身邊學習啊？」

孔子這才說：「子張雖然莊重，但恰恰就是太莊重了，遇見事情不懂得妥協，這樣下去在社會上是要吃大虧的。」

……

因為子張的性格太過於古板，所以縱然他天天說什麼君子要博愛，可是很多人都不喜歡和他交朋友。

因為他對自己要求高，同時對別人要求也高，別人做不到，他就覺得別人是個小人。

他認為，自己都做到了，那麼自己也有資格要求一份高品質的友情。

於是，他和同學們的關係很緊張，社交關係甚至連孤僻的子夏都不如。

同學們都覺得，他就愛沒事找事。

對此，子張很痛苦，他不明白，自己到底哪裡錯了？

於是，他去問孔子，究竟如何才能和朋友好好相處？

孔子說：「你要對朋友寬容一些，嚴以律己沒問題，但盡量寬以待人。」

子張還是很困惑，為什麼歷史上那些賢人都可以交到那麼好的朋友，我就不行。

他問：「是不是我的德行還不夠？」

孔子連忙說：「你德行沒問題，做好忠信義就好了。至於你的心結，就在於你愛一個人的時候，覺得這個人什麼都好，巴不得人家長命百歲，一旦發現人家有什麼缺點就不能忍，就恨人家了，甚至詛咒人家去死，這樣能不出事嗎？歸根究柢，你這個人太極端了，有精神潔癖。人嘛，有優點就有缺點，多學會包容，注重人家的優點，避開人家的缺點，那樣就能交到無數朋友了。」

所以說，子張很顯然對現實認識不夠，認為世界上都是真善美，所以半點沙塵都容不下。

可問題是，人活在這個世上，誰沒有過去呢？誰敢保證自己一生都清清白白嗎？誰可以說自己一點錯都不犯嗎？

不可能的。

要求別人純潔得像白蓮花一樣，本身就不可能，就算是白蓮花，它的根還不是長在骯髒的泥裡頭？

人總是要覺悟，如果想要一份真實的感情，那麼不但要愛上對方的優點，也要包容對方的缺點。

既要享受這個世界的美好，也要和世界上的黑暗和解啊。

這是孔子告訴子張以及我們的道理。

同時，他還告訴了我們一個隱藏資訊。

子張很可能是個處女座。

（五）

張愛玲說：出名要趁早。

子張就是一個渴望出名的人，他從小被當成不起眼的草芥，所以希望透過學習改變命運，不再沒沒無聞，而是要一舉成名天下知，青史流芳。

他問孔子：「怎麼樣才可以做到顯達？」

孔子納悶，反問：「顯達是什麼鬼？」

子張有模有樣地比劃說，就是有名氣。

孔子臉色不對勁兒了。

他說：「這不是顯達呀，真正的顯達，是要有正直的品行，但同時還有過人的 EQ，為人圓滑但有底線，這樣的人才叫顯達。而你口中的是什麼呢？就是一群裝模作樣的偽君子，以道德自居，愛惜自己的名聲，實際上幹的都是男盜女娼的事，就是為了個名氣罷了。」

這是孔子唯一一次批評子張，語氣之嚴以前從未見過。

很顯然，孔子是害怕，自己的這個學生走上了邪路。

事實上，後世很多儒家的士大夫就走上了這條邪路，從不真正在意天下興亡，而只關心自己的「賢名」，甚至有時候之所以對抗惡勢力，也不是為了國家和百姓，而是為了求一個正直的名聲。

而孔子心目中的儒家弟子，反而是那些未必會青史留名，而是只要為了國家與人民，寧可一身汙濁也自得其樂的英雄豪傑。

或許孔子應該慶幸，多虧了自己的當頭棒喝，才讓子張如夢初醒，從一個執著於虛名的學子，成長為一代宗師。

（六）

子張是一個熱衷於從政的人，在孔子的眾多弟子裡，有很多人來問政治的事，但大部分人只詢問一次，只有子張，足足問了三次。

子張第一次問孔子時，孔子是針對子張愛鑽牛角尖的性格來回答的。

他說：「當官先要多聽多看，遇到沒把握的事先放下，不要自作主張，就算是有把握的事也要謹慎去做，盡量不得罪人。總之，就是要謹言慎行，說話少抱怨，做事少後悔，這樣就算是在官場上扎下根了。」

很顯然，對子張這種固執的性格，孔子不抱太大希望，也不指望他做出什麼政績了，只要能保住官位，就阿彌陀佛、上帝保佑了。

孔子這段話很顯然就是官場老油條的為官準則，總結起來，就是不求有功，但求無過。總之，就混吧。

這個回答子張不滿意。

子張嫌老師說的只是如何保住官位，而不是如何為政，所以又跑來問孔子，如何才能當好一個官？

孔子還是考慮到子張的性格，就回答：「你身居高位的時候，也不要懈怠，不忘初心方得始終嘛。還有，重點是，執行長官的命令一定要確實。」

很顯然，後面那句話就是為子張量身訂做的，不然他牛脾氣發作，罵長官你懂個屁，這就難搞了。

過了一段時間，子張又來問政了。

這一回，他野心不小，因為治理一塊小地方已經滿足不了他了，所以他想知道如何治理一個國家，乃至於天下。

孔子終於認真了起來，沒有再遷就子張的性格，而是說出了內心真實的想法。

他說：「尊崇五種美德，屏除四種惡政，天下就可以大治。」

子張忙問：「五種美德是什麼？」

孔子說：「所謂五美呢，第一，就是讓老百姓去做對他們有好處的事，這樣大家就積極起來了。第二，盡量在農閒的時候役使老百姓，這樣大家就不會怨恨了。第三，作為長官別貪財。第四，作為長官要莊重，但不是傲慢。第五，作為長官要有威嚴，這樣大家才服氣，但威嚴不是嚴苛，這點要注意。」

子張又問：「那四種惡政是什麼？」

孔子說：「四惡呢，第一，就是不經教育，就下殺手，不教而誅，這叫做虐。第二呢，不說要求，只要結果，這叫做暴。第三，對百姓不加督促，結果出了事，這叫做賊。第四，該給別人的工資，卻故意拖延，這叫小氣。」

……

多年以後，子張果然為官，那時，他身居高位，卻也不忘對老百姓切實負責，明明將自己的轄地治理得井井有條，卻從來沒有自誇過。

有人說，他有古賢者之風。

他卻說，自己不過是尊五美，屏四惡。

（七）

孔子死後，子張守孝三年。

三年後，他終於懷著自己年少時的夢想，回到了陳國，這個顓孫家族曾經生長繁衍的地方。

他教書育人，在陳國將老師的學說發揚光大，他一直記得，老師那天下大同的理想，以及尊五美、屏四惡的希望。

他性格很差、直男癌、偏執狂、朋友很少，曾參說子張儀表堂堂，是個大丈夫，但並沒有做到仁。

子游是子張唯一的朋友，也說子張雖然很難得，但也沒有做到仁。

可那又如何？

正如子張在陳國對自己學生所教的那樣。

「只要是符合道義的事情，縱然會遇到危險，士，也應當選擇捨生取義。」

他是一個性格極端的人，或許會惹人厭，不好相處。

但是……

他卻是一個真正大公無私的男子漢。

第九章

言偃：關於子游同學的一切

（一）

孔子臨死前，將自己一生的精神財富，由他的學生傳承於後世。

子路繼承了他的勇敢，子貢繼承了他的智慧，冉有繼承了他的才幹，宰我繼承了他的雄辯，子夏繼承了他的學識，曾參繼承了他的品性……

但是，孔子一生中最為寶貴的思想，只有兩樣：仁和禮。

仁，他交給了他最喜歡的學生顏回。

而禮，他交給了子游。

他說：「吾門有偃，吾道其南。」

意思是，我的學生中有了子游，我的學說終於可以在南方大行其道。

（二）

言偃，字子游，吳國人。

他作為一個土生土長的南方小夥子，卻不知怎的，對中原的禮儀文化十分鍾情。

幾乎是第一眼，他就像小孩看到了新鮮的玩具那般，一瞬間，他愛上了《周禮》。

可是，春秋末年，禮崩樂壞，整個天下都為了利益而匆匆忙忙，又哪裡可能給禮儀開闢一方淨土？

直到有一天，子游打聽到，在山東的魯國，有一位老人，名叫孔丘，他無所不知、無所不曉，尤其對《周禮》最為精通。

他心動了。

與其他學生的被動入學不同。

他是唯一一個，主動背上行囊，千里迢迢北上跑去找孔子拜師的孩子。

……

在孔子學院的時光裡，子游認識了許多的同學，不過最令人瞠目結舌的是，他最好的朋友居然是子張。

能與別人避之不及的直男癌子張當兄弟，子游實在難得。

既然子游和子張是兄弟，那麼自然要同仇敵愾。

他們共同的敵人，是子夏。

他們二人曾經問過同樣的問題。

孝順。

子游曾經問老師：「什麼是孝順？」

他想，一個人如果可以贍養父母，給父母吃好吃的，用好用的，就算孝順了嗎？

孔子反問：「你這樣，跟養狗有什麼區別呢？」

子游無言以對。

孔子說：「真正的孝順，是要尊敬父母才行。」

而子夏也問過同樣的問題，孔子的回答也是大同小異。

要知道，孔子回答問題，都是根據學生的水準回答的，不同水準的學生問同樣的問題，可能會得到不一樣的答案。子游與子夏得到的答案差不多，可見，在孔子眼裡，這兩個學生是同一個層次。

正是因為在同一個層次上，碰撞起來，才會起火花。

……

子游與子夏一樣，都是文學系的高材生，而且排名還在子夏的前面。

他對子夏的教學方式很不認同。

子游曾說：「子夏教的學生，也就只能做些打掃、迎接客人的小事，根本的東西沒學到，遲早要玩完。」

這次吐槽很快被子夏聽到，直接反唇相譏：「言偃懂個什麼？君子之道，當初老師先傳給誰的？是我還是你？什麼都不懂，一天到晚就知道瞎說，我看他根本沒有遵從老師的教誨！」

這是孔子去世以後，二人都立門收徒，子游見子夏的學生每天都做些打掃之類瑣事，於是出言相譏。

子夏不甘示弱，與子游直接對罵，甚至言語裡連字都不稱了，直接稱名。

後來，孔門亂，學生們紛紛離散，子夏去了魏國，子張去了陳國，而子游，則回到了家鄉吳國。

（三）

子游一生，與孔子一樣，述而不作，沒有留下任何的著作。

不過，可以判斷的是，子游是專攻禮儀的專家。

在目前的所有史料中，可以看到，孔子生前只要是進入任何有關禮儀的場所，都會把子游帶在身邊。可見，孔子明白這位學生的特長，也確實是按照這個思路培育子游的。

子游也果然不負眾望，在禮儀上的功力與日俱增，在一次禮儀討論上，子游與曾參發生了分歧，二人雄辯，最後曾參認輸：「我過矣，我過矣，夫夫（指子游）是也。」

在當時，有人如果對典禮有不清楚的地方，都會去問子游，可以說，在禮儀這方面，孔子之下，當屬子游。

如宋朝的大儒魏了翁說：三代的典章，多虧了子游，才存了下來。

……

你可能要問了，禮儀，到底有什麼用處？

這點由子游親自回答。

子游有一個朋友，是衛靈公的孫子，人稱司寇惠子。

司寇惠子死後，子游來參加他的葬禮。

當時，按禮來說，惠子的權位應該由自己的長子虎來接任，但是惠子的兄長文子卻打算廢除長子虎的繼承權，立惠子的庶子繼承家業，這樣方便自己侵奪家產。

子游在靈堂上，很機警地發現了不對勁。

他連忙穿重孝，以家臣的身分對惠子憑弔，而且再三向來賓暗示這是禮也，這個時候，經過子游不斷強調，文子若在此時

宣布廢除虎的繼承權，就不合時宜了。

這時候，子游趁機強迫文子將虎請出來，繼承家業，文子無奈，只能把虎叫了出來，繼承了家主的位子。

就這樣，子游兵不血刃，就讓衛國避免了一場廢長立幼的鬧劇。

（四）

子游也做過官。

當時，子游在魯國擔任武城宰，他也是採用《周禮》的辦法，注重禮樂教化，把武城治理得井井有條。

孔子聽說後，也不顧年邁體弱，帶著一群學生過來看望子游，順便檢查他的政績。

老師和師兄弟駕到，子游出城相迎，陪著老師和同學左看看、右看看，展示自己治理武城的成果。

孔子很高興，大家也很高興。

這時，從遠方傳來了悠悠的琴弦之聲。

孔子笑著說：「哎喲，武城這麼小的地方，你這孩子還用禮樂制度來治理，殺雞用牛刀哦。」

子游一呆，說：「我以前聽老師說，君子學習了禮樂就能愛人，小人學習了禮樂就容易管理，我就是按照老師的要求做的啊。」

孔子這才恍然，自己剛才有些得意忘形了，子游實踐了自己的理論，自己沒有及時表揚，反而失言，這很可能打擊了子游的自尊心。

他靈機一動，連忙對身後的學生們說：「同學們，言偃的話是對的，我剛才是跟他開個玩笑。」

……

子游還是一個慧眼識才的人。

在子游擔任武城宰期間，幾乎人人都巴結子游，但只有一個人不然。

這個人叫澹台滅明，字子羽，因為長相太醜，連孔子都不喜歡他，只有子游覺得這個人是個好人。

子游說，這個人從不會走邪路，除非有公事，不然他不會來找我。

於是竭力向孔子推薦子羽，可孔子總認為相由心生，子羽長得太醜，是沒有人權的，所以並不重視子羽。

後來，子羽南遊楚國辦學，弟子三百餘人，而且名冠諸侯，成就斐然。

孔子聽說後，連連感嘆：「吾以言取人，失之宰予。以貌取人，失之子羽。」

以貌取人這句成語，就是這麼來的。

由此可見，在看人方面，子游還遠在他的老師之上。

（五）

孔子死後，子游回到闊別數年的家鄉吳國，在這裡，子游開始辦學授徒，傳播老師的學問。

漸漸的，子游的名氣越來越大，有人開始尊崇他為「南方夫子」、「東南道學之宗」，《孟子》甚至說他有「聖人之一體」，

經過他的努力，孔子的學問慢慢與吳國風俗融合，使得這一塊曾經的蠻荒之地，逐漸浸染了文明的氣氛，吳國的學者越來越多，家家戶戶都學習禮樂和詩書，這裡正一步步蛻變成禮儀之邦。

他的「子游氏之儒」最為強調的核心，只有四個字：適可而止。

當時吳國的社會風氣，十分浮誇，比如在葬禮上，排場搞得很大，還言之鑿鑿，說這不正是符合《周禮》嗎？

對此，子游氣呼呼地說：「喪，致哀乎則止。」

對於親人去世，在葬禮上重要的並非形式，那並非禮儀的核心，真正的禮儀，是人們內心最真實的哀思，只要有那一份心意，那麼葬禮是否辦得風光，根本不重要。

子游的適可而止，不僅體現在禮儀上，還體現在人生哲學中。

他告訴學生們：「長官如果犯錯，你勸他要有節制，如果勸的多了，他不聽，還厭惡你。而與朋友的交往也一樣，朋友有錯了，勸他也要有節制，不然人家反而嫌你多管閒事。」

後世的王朝，總會冒出來幾個鐵骨錚錚的忠臣，用一腔熱血去勸諫君王，史書也不吝嗇筆墨讚揚他們。可是，這些人哪一次真正勸諫成功了？

到頭來，不僅自己丟了性命，君王也沒採納你的建議，空留名聲於青史，又有何益？

交友也一樣，不要總是打著為朋友好的旗號進行過度關心。

你以為你是關心對方，對方只會覺得你這個人很煩。

所以說，任何事，都要有一個度，切忌用力過猛。

每個人，都要明白，什麼叫做適可而止。

（六）

史書上對子游的記載很少，他在歷史上留下的最後一抹身影，是六十三歲那年，他不顧年老體弱，從琴川橫渡東江，一路來到清溪講學。

那是子游在世間最後的行跡。

在清溪，年老的子游做了一個夢，他夢到了自己年輕時，有一次和老師出遊。

他問老師，我們這些人奔走一生，究竟是為了什麼？

老師回答他，原本是為了讓世界回到上古時代，那個大道盛行的時候，不過現在看來，只要到達小康，就已經很勉強了。

子游不解，什麼是小康？

老師說：「所謂的小康，就是天下是一家一姓的天下，人們把各自的親人當親人，各自的子女當子女，一切的一切，都變成了私人所有，這樣的國家有堅固的城防，有規範的禮儀，財產分配均衡，百姓都安居樂業，大智大勇之人會獲得提拔，奸邪小人會被大家嫌棄，就是小康社會了。」

子游感嘆，那真是美好啊，那麼，上古時代的盛世是不是更美好？

老師聲音都提高了八度，那當然了。

子游問，上古時代的盛世是如何的？

老師說：「那是大道行於天下的時候，天下不是一家一姓之天下，而是天下人的天下，有品德、有才能的人會被選拔出來，

他們會培育和諧的社會氣氛。那時候，人們不單單只是撫養自己的親人，而是讓所有的老年人都能頤養天年，中年人能為國效力，孩子可以快樂成長，無論是鰥寡孤獨都能有人奉養；男子有職務，女子有歸宿，對於金錢，人們不屑一顧，都願意為公眾服務，這樣，路不拾遺，夜不閉戶，便是上古時代的大同社會了。」

......

多少年來，老師的話語依舊餘音繞梁，在子游的耳邊迴響。

為了大同的夢想，那個遙不可及的希望，子游從未氣餒，窮盡一生，在吳國傳道授業、教化民眾，縱使到了六旬高齡，也毫不懈怠。

第一次，我從史書中看到老邁的子游不辭勞苦前往清溪之時，隱約間，我恍惚看到孔子好像又回來了。

大同，是子游為後世留下的一個座標。

有些人說，那是一個永遠無法企及的奢望，我們應該斷了念想。

可是啊......

我看到的是，如今的我們，已經沒有了高高在上的君主，天下也不再是一家一姓之天下，而是所有人民的天下。

我們的官員，不再是依靠血緣選拔，而是透過考試、選舉，將有才能的人置身其位。

我們有孤兒院、養老院，還有一群慈善家，我們鰥寡孤獨都有幸福的歸宿。

我們的孩子，享受著有史以來最好的成長環境，他們不用再忍受饑餓，可以快樂學習。

一切的一切，都慢慢變好……

雖然，社會上還有貪官汙吏，但是政府積極反腐，無數蒼蠅老虎紛紛落馬。

雖然，社會上還有人很貧窮，但是國家大力提倡扶貧，無數人開始了全新的生活。

雖然有很多事，我們無法做到盡善盡美，但是，我們都在努力，努力向孔老夫子夢想中的那個大同世界邁進。

我們相信，那個世界一定會成為現實。

就在不遠的前方。

子游在兩千年前為我們所指的地方，閃閃發亮。

第十章

曾參：天生的帶小孩命

（一）

有人說，曾參就是天生的帶小孩命，這樣的人，不當老師簡直可惜了。

他老師孔子生前，就特意把自己的孫子子思託付給了曾參，由曾參將其撫養長大、培育成才。

多少年後，子思果然也成了一代宗師，再後來，子思後輩裡出了一個小徒孫，叫孟軻，對，就是那個大名鼎鼎的亞聖孟子。

孔子的儒家學派分了好幾家，但是這麼多年來，大家似乎都願意承認思孟學派這一家，總說這一家才是正統，其他都是冒牌貨。

而思孟學派的祖師爺，可不就是曾參嗎？

這些學生，教的值得。

（二）

曾參，字子輿，魯國人。

曾參的情況，和顏回差不多，他老爹曾皙也在孔子門下受教，父子二人共拜一位師傅。

曾參從小就被父親調教得很乖，十六歲時引薦給了孔子，成了孔子學校的一員。

他不聰明，不過好在比較聽話，勤能補拙，孔子對他的印象倒也不錯。

孔子真正注意到曾參，是因為一件事。

有一回，曾參與父親曾皙在田間工作，曾參一不小心，把瓜根給鋤斷了。

老爹看到這一幕，勃然大怒，心想我這兒子怎麼總是笨手笨腳的？二話不說，操起棍子就朝曾參打了過來。

曾參也傻，不知道躲，腦袋硬生生挨了一下，當場暈倒在地，不省人事。

這下老爹也驚了，大感後悔，這時，曾參悠悠醒轉，看到老爹一臉的焦急，為了不讓老爹擔心，曾參連忙說，「我沒事，我沒事，剛才是我做了錯事，您打我是應該的，別把您累壞就好。」

說完，曾參還怕父親不相信，又掙扎站起來又彈琴又唱歌的，表示自己已經沒事了。

很顯然，曾參屬於典型的愚孝。

孔子聽說了這件事後，果然氣炸了。

孔子對門人說，今後再也不想見到曾參了，自己從來沒有這樣的學生。

曾參不解，也很納悶，老師不是一直都很提倡孝道嗎，怎麼會發這麼大火？

他託了一個同學，前去探老師的口風。

孔子說：「曾參這孩子，根本就不懂什麼是孝。」

他舉例子，說上古時代，舜就是個大孝子，可是舜的父親卻很糊塗，娶了個後媽，而那個後媽一直都想害舜。

而舜在父親需要幫助的時候，他一直都在；而一旦母親要害他，舜肯定拔腿就跑。

所以說，在孔子看來，父母輕輕的教訓能忍就忍，可如果是重重的打，那就趕緊跑吧。

譬如曾參這件事，當時曾皙是一時暴怒，所以下手沒有輕重，曾參不躲不閃，萬一不小心把他打死了，釀成了悲劇，還會陷曾皙於不義。所以，曾參的行為根本不是孝。

孔子眼中的孝，從來都不是盲目的順從。

……

經過這件事，曾參受到了很大的啟發，後來，他在寫《孝經》的時候，開篇就寫的是：身體髮膚，受之父母，不敢毀傷。

說白了，就是要對自己好一些，父母最擔心的就是自己的孩子，孩子不珍惜自己的身體，是對父母最大的傷害。而父母的心都在兒女身上，兒女過得好，父母才最開心，這才是最大的孝。

一個人活在世上，首先要把自己的日子過好。如果自己一輩子沒什麼出息，一出門有人問你在做什麼，都不好意思說出口，那別說讓父母面上有光了，還要讓父母整日為你操心，這才是最大的不孝啊。

後來，曾參更是把孝道分成了三個等級。

最低等的孝，就是贍養父母，這是底線，如果連這個基本要求都做不到，那就是不孝了。

而現在很多人連這一點都做不到，殊不知，這是曾參所講述孝道最基本的一層。

而高一等的孝，就是不要觸怒父母。子女在和父母相處的過程中，因為年齡的代溝，難免會遇到一些不愉快，這個時候做兒女的，不要任性，盡量順著父母，就算他們真的不對，子女也不能盲目頂撞，那樣只會升高衝突，根本於事無補。

正確的辦法，是先讓父母的情緒安定下來，然後提出自己的見解，父母終究是心疼兒女的，如果你真心誠意交流，他們會選擇理解你的。

現在很多兒女和父母意見不合，就與父母大吵大鬧，自以為有理，殊不知，這樣與父母抬槓，讓父母沒台階下，不但不會解決問題，反而讓父母更傷心。

如果能心平氣和與父母溝通，生活中很多衝突都是可以避免的。

而最高一等的孝順，那就是崇敬父母了。

每個父母潛意識裡都希望成為兒女的偶像，或許說來不好意思，但獲得兒女的稱讚，父母心裡其實是開心的不得了的。

不過，很多人都懷疑，儒家的孝文化是不是過時了？

什麼都可以過時，只有我們每個人內心最質樸的情感，是永遠不可能過時的。

（三）

顏回死後，曾參成了孔子學說的繼承人之一。

有一次，孔子對曾參說：「曾參啊，我的道，是一以貫之的。」

曾參回答：「我明白，老師的道，就是忠恕二字。」

孔子對曾參的回答很滿意，更確定了由曾參繼承自己的學

說，並將《大學》傳授給了曾參。

孔子在彌留之際，更將自己的孫子子思託付給曾參。

孔子死後，弟子們為其服喪三年，三年後，孔門推舉新的校長，子夏、子張、子游認為，有若長得和老師很像，於是極力推舉有若擔任校長。

這是他們三個人這輩子唯一一次有共識。

但是曾參反對。

他說：「你們懂個屁，老師的德行那麼偉大，豈是長得像就可以的？」

可惜反對無效，因為學長子貢選擇支持有若。

但有若太不爭氣，學生們連問了好幾個問題，他都答不出來，大家都不服氣，於是又把有若給趕了下來。

這一下，學校徹底亂了。

因為曾參是老師生前欽定托孤之人，子夏、子游、子張競爭不過，紛紛出走，曾參成了學校的校長，學校地點就設在子游曾經做過官的武城。

（四）

曾參的教學方法，也是十分有系統的。

他認為，一個學生，最重要的是確立志向。

現在我們的教育就有這樣的弊端，很多小朋友本來在家裡玩得好好的，突然就被家長送進了學校，他們懵懵懂懂的，也不知道之前那麼開心，為什麼突然就要學習，還這麼苦。

所以，他們難免就會迷茫，沒有目標，而家長與老師也懶得講解清楚，那麼這些孩子最後成績上不去，也是理所當然了。

所以，按照曾參的建議。現在的父母在送孩子去幼兒園之前，最好花一天的時間，告訴孩子為什麼要學習，給孩子樹立一個目標，這樣是最好的。

在樹立了遠大的志向以後，曾參認為，學習最重要的方式，就是交朋友。

對於大多數學生而言，同學對他們價值觀的影響，甚至大於父母與老師，尤其在叛逆期，更是如此。所以，曾參給學生的建議，就是交朋友要交那些優秀的人，讓優秀的人來影響自己的價值觀，這樣就能進步了。

如何交到優秀的朋友？

這點，曾參早就藉由中學課本給我們回答了。

「吾日三省吾身，為人謀而不忠乎？與朋友交而不信乎？傳不習乎？」

翻譯過來，就是：

「每天要多次反省自己，給人家辦事是不是盡力了？與朋友交往是不是用心了？等想過這些，再複習老師傳授的學業。」

其中，最先反省為人辦事有沒有盡力，這是在鞏固老朋友，不得罪人，保障朋友圈不要縮小。

然後再思考，與朋友交往有沒有用心，這是在發展新朋友，經營人脈關係，使朋友圈慢慢變大。

到了最後，才是好好學習老師傳授的知識，努力提升自己。這樣的話，有了良好的人際關係作為後盾，一身本事才能發揮得淋漓盡致。

曾參正是這樣教導學生的。

也是這樣帶孩子的。

曾參帶小孩，講究以身作則的誠信。

有一回，曾參的老婆帶小孩上街買菜，小孩一直哭，他老婆煩到不行，說：「你要是不哭了，等一下給你吃肉。」

小孩一聽有肉吃，果然不哭了。

回家後，他老婆把這事隨口跟曾參說了。

曾參二話不說，把豬給殺了。

他老婆驚了，對曾參說：「你還真殺啊？我騙兒子的。」

曾參說：「孩子會學習父母的一言一行，你這樣騙他，會對他造成什麼影響？」

這就是曾參，也難怪孔子都不願把孫子託付給子貢，而是給了曾參。

而在曾參眼中，他就是要把自己的學生以及孩子，都培育成一個個的君子。

那麼，什麼是君子？

曾參的回答，很簡單粗暴。

「在危難時刻，可以將一切託付給他的人，就是君子。」

（五）

曾參五十歲時，當世最強的三個國家，齊國聘以相，楚迎以令尹，晉迎以上卿，都前來聘請曾參出山。

曾參拒絕了。

他與老師孔子不同，沒有治國安邦的理想，他覺得，自己就是適合從事教育。

可這並不代表，曾參對政治就一竅不通。

曾參說：一個官員，最重要的，就是要有一顆憐憫之心。

他認為，一個人只要有了憐憫心，就能造福一方。

曾參也不是死腦筋，除了如何為人民服務，對為官之道，也略有心得。

他說，為官者，不要考慮超出自己職責範圍的事情。

這類似於孔子的不在其位、不謀其政，如果你只在自己的職權範圍內行事，是完全合理合法的，政敵無法抓住你的痛腳，這樣為官豈不是更加穩當了？

……

曾參在晚年，前往魏國，與子夏和解，並且一度在魏國和子夏一起教學。

曾參長壽，也活到了古稀。

那一年，曾參病來如山倒。

他把學生都叫到了跟前，對他們說：「你們看看我的手和腳，都保全得很好，對吧？」

他說：「我這一生啊，就如同《詩經》上說的：戰戰兢兢，如臨深淵、如履薄冰，一輩子都小心謹慎。正是如此，才可以不受傷害。孩子們，要記住啊！」

過了一會兒，他的死對頭，同時也是當時魯國執政的孟敬子來看他。

他對孟敬子說：「鳥之將死，其鳴也哀，人之將死，其言也善，我知道你一直看我不順眼，但希望你能記住我接下來說的話。第一，君子要注重自己的形象，第二，君子應該誠信，第三，為人處事要小心謹慎，至於其他諸如祭祀之類的事，就讓負責的官員去處理，明白了嗎？」

……

西元前 435 年，季孫氏送給了曾參一張華美的席子。

夜裡，曾參臥病在床，他想，自己一生都沒有做到大夫，不應該鋪大夫的席子，自己老師當年不也不肯用大夫的規格下葬嗎？

他連忙一邊咳嗽，一邊讓兒子把席子換下來。

沒等換上的席子鋪好，曾參就這樣，無聲無息離開了。

終年，七十一歲。

……

如何給這樣一個人做最終的注解呢？

他並不討喜，跟顏回一樣，沒性格，很迂腐，翻開史料，全是他講的大道理，心靈雞湯煲了一碗又一碗，煩。

曾經有一度，我實在不知道怎麼寫這個人物。

可是在曾參生命即將結束的時刻，我仿佛喜歡上了他。

正如孔子臨死前，將子思託付給了曾參一樣。

曾參臨死前，他的行為，讓我看到了一個知識份子最後的輓歌。

他告訴學生，一生都要小心謹慎、戰戰兢兢，不要放縱自我，要堅守自己的信念走下去。

他告訴仇敵，我死以後，沒人可以監管你，你要好好執政，讓我們的祖國安定和樂下去。

他告訴兒子，自己老師當年沒有接受大夫規格的葬禮，自己也不能例外，要求換掉席子。

在人生的最後一刻，他還在操心這操心那。

你明明快要離開了啊，這個世界將會如何，明明已經和你沒有任何關係了。

曾參用他的行動回答了我。

這是一個知識份子的責任。

哦。

是這樣吧，責任。

我想，這部書裡提到的所有人，都是這樣吧。

他們都在追逐理想，不停地奔跑，直到它破碎的一刻，卻依舊頑強挺立著。

究竟是什麼，讓他們依舊可以站起來，微笑地和這個嚴肅的世界和解呢？

是責任吧。

我想，應該是的。

隱隱約約，我想起了，孔子第一次出遊，對齊景公兜售自己理想的那一句話：

每個人在這個世上，都有屬於自己的角色，只要我們都扮演好屬於自己的角色，那麼，世界就會變得更美好。

如何扮演好自己的角色？

您說呢？

第十一章

孔子學校的日常

（一）

「你們男人沒一個好東西！」

「你們女人什麼都不懂！」

校長室內，一男一女正在吵架。

男的是孔丘校長，臉漲得通紅，氣的。

女的是校長夫人亓官氏，氣勢洶洶，十足潑辣。

從校長室外路過的學生，看到這一幕，已經見怪不怪了，孔校長與他老婆的夫妻關係一直不好，這點大家心裡都明白。

「你無情，你冷酷，你無理取鬧！」亓官氏淚眼婆娑，指指點點。

孔丘冷冷一笑，反唇相譏：「你就不無情，你就不冷酷，你就不無理取鬧？」

亓官氏挺起胸：「我哪裡無情，哪裡冷酷，哪裡無理取鬧！？」

孔丘怒吼：「你哪裡都無情，哪裡都冷酷，哪裡都無理取鬧！」

「……」

唇槍舌戰一下午，罵得口乾，暫時休戰。

孔丘人口大口地喘了口氣，看到旁邊水果籃放著一顆梨，心想自己老婆雖然兇了點，但好歹也是跟著自己共患難這麼多年了，老夫老妻啊，若是分離，還當真捨不得。

想當年，在宋國，她還年輕的時候，也是一個遠近聞名的美人胚子，當時自己才十九歲，第一眼見到她，當場人一怔、臉一紅，瞬間墜入愛河。

後來，他終於抱得美人歸，二人有了一兒一女，過著平凡的生活。

可是恰恰是乏味的生活，沖淡了戀愛的激情，每天過著平庸日子，早就忘了當年耳鬢廝磨下的臉紅心跳，究竟是怎樣的感覺了。

人家說，婚姻是愛情的墳墓，這點連聖人也不能免俗。

在孔丘看來，亓官氏無法理喻，他待在家裡想好好照顧她，她就一臉嫌棄，罵自己沒本事，整天就知道窩在家裡。那好吧，他出去忙工作，養家糊口，她就抱怨，說自己不愛她了，天天像個怨婦一樣，罵自己沒良心。

女人好麻煩啊……

孔丘嘆了口氣，再抬頭，看到亓官氏氣呼呼瞪著自己，但是眼角殘留的淚痕，卻觸動了孔丘內心被塵封許久的一塊地方。

那年，年輕的他牽著她出去遊玩，她不小心摔倒在地，一邊揉著屁股，一邊哭哭啼啼，他就傻傻蹲在旁邊哄啊哄，扮鬼臉、講笑話，無所不用其極，這才讓她破涕為笑。

恍惚間，那時的她，仿佛又站在了眼前。

孔丘心軟了，心想自己剛才應該再忍一忍的。

他順手拿起桌子上的梨，遞給亓官氏，關切地說：「要梨嗎？」

亓官氏愣愣地看向他，頓時臉色一變，嘶吼道：「離——」

孔丘：「……」

……

孔丘與亓官氏離婚了。

離婚當天，亓官氏收拾好行李，回了宋國娘家。

當晚，孔丘在街頭喝得酩酊大醉。

子張擔心老師，特意陪在孔丘身邊，給孔丘捶背醒酒……

孔丘一邊哭，一邊發酒瘋，說著醉話。

子張抱著老師，心想幸好是深夜，不然以老師的身分，這副模樣給人看見了，第二天就得上頭條了。

「嘔——」

孔丘沒忍住，一口吐了出來，子張連忙把孔丘扶到一處小巷，讓他在巷弄的角落吐。

就在這時，子張又發現，在不遠處，有一男一女，好像也在吵架。

子張下意識的看過去。

女：「你在外面有女人了是不是？我就知道，你根本就不喜歡我！」

男：「你要非這麼想，我也沒辦法。」

說完，男的轉身離開。

女：「這世上的男人，果然沒一個好東西！」

……

子張看的有點糊塗，這時，吐完的孔丘也發作了，他一邊淚流滿面，一邊喊：「女人就跟小人一樣，難養啊難養啊！你陪在她身邊，她嫌你沒出息，你出去工作，她又一臉幽怨，唉。」

子張一邊看向那個女的，一邊看向自己的老師。

為什麼一個說男的不是好東西，一個說女的不是好東西呢？這樣豈不是大家都不是什麼好東西了？

身為一個單身狗的子張，實在是不懂啊……

（二）

暮春三月，山花爛漫時。

這一天，孔子與子路、曾皙、冉有、公西華四人在郊外踏青。

正午，五人選中了一處空曠的地方，擺上隨身攜帶的坐具，曾皙更是拿出了背在身上的琴，彈奏了起來，樂聲悠揚，讓眾人疲憊盡去，輕鬆了起來。

孔子看向四個學生，越看越滿意，問：「你們幾個啊，不要因為我比你們年紀大就不好意思，你們平時總喜歡說，這世上沒人了解我，那麼我問問，假如有人了解你們，你們打算怎麼做啊？」

子路搶先回答：「一個弱國，夾在兩個強國之間，外有強敵，內有饑荒，只要讓我去治理，只要三年，就可以讓人們勇敢善戰，而且懂得禮儀。」

孔子露出了笑容。

他看向冉有，問：「冉求，你呢？」

冉有很恭敬地答道：「一個小國家，讓我去治理，三年以後，就可以讓老百姓吃飽穿暖，至於復興禮樂這種事，就只能等待將來的君子去實行了。」

孔子又問公西華：「公西赤，你呢？」

公西華說：「我不敢說能做到什麼，但我願意去學習，假如在宗廟祭祀的活動中，或者在和其他國家的盟會中，我願意穿上禮服，戴著禮帽，當一個小小的相禮，這樣我就滿足了。」

孔子看向正在彈琴的曾皙，說：「曾點，你呢？」

這時，曾皙撥弄琴弦的速度漸漸放慢，終於「鏗」的一聲，停止彈奏，站了起來，說：「我想的與三位學弟不一樣。」

孔子說：「沒關係，就是大家談談自己的志向嘛，別拘束。」

曾皙想了想，說：「大概就是暮春三月，大家都已經穿上了春天的衣服，我和五六個成年人，六七個少年人，一起去沂河洗洗澡，到舞雩台吹吹風，黃昏的時候，我們一路哼著歌謠走回家，嗯，我的志向大概就是這樣吧……」

孔子閉著眼睛想了想，感嘆說：「我贊成曾點的想法啊……」

……

其他三人離開後，只有曾皙留下，問孔子：「他們三人的話怎麼樣？」

孔子說：「挺不錯的，就是談談自己的志向。」

曾皙問：「那您幹嘛要笑仲由？」

孔子說：「治理國家要講禮讓，你是他的師兄，他卻一點都不知道謙讓你，爭先恐後第一個說，所以我笑他。」

曾皙又問：「那冉有呢？他講的不是治理國家嗎？」

孔子反問：「小國家也算國家啊，怎麼就不是了？」

曾皙問：「那公西赤呢？」

孔子說：「宗廟祭祀和諸侯會盟，是諸侯的事，當然也算治理國家，況且，像公西赤這樣的孩子只能做一個小相的話，那還有誰能做大相？」

（三）

魯昭公時期，吳國崛起於南方，為了交好吳國，魯昭公娶了吳王的女兒吳孟姬。

然而，魯國與吳國，都是姬姓國。

《周禮》：同姓不婚。

所以說，魯昭公辦的這件事，是非禮的。

孔子在陳國的時候，有一個官員問他：「魯昭公懂禮嗎？」

孔子當然知道這小子想問什麼，但是本著家醜不可外揚的原則，他說：「懂！」

等孔子出去後，這個官員走近孔子的學生巫馬期說：「我聽人家說，君子是沒有偏私的，你們魯昭公娶了同姓的女子為妻，如果這種人懂禮，那誰還不懂禮？」

巫馬期回去就把這句話告訴了孔子。

孔子笑了。

他說：「我真幸運啊，你看，我有了錯，人家肯定會告訴我，這多好……」

（四）

孔子的學生閔子騫出身貧寒，家裡十分清苦，所以經常要駕車外出謀生。

他的母親死後，父親又娶了一個繼母，這個繼母又生了兩個孩子，於是，閔子騫在家裡的地位就有點尷尬。

這個繼母表面上對閔子騫很慈祥，實際上心機卻很重。

在給孩子們做棉襖的時候，她給自己兒子棉襖裡塞的都是絲綿，看上去單薄，實際上很暖和，而閔子騫的衣服裡塞滿蘆花絨，表面上看去很厚，實際上一點都不防寒。

他的父親看到繼母對閔子騫這麼好，感到一陣欣慰。

閔子騫當然知道真相，不過他不計較這些，也從來沒說過，所以他父親始終很放心。

直到有一年冬天，大雪紛飛，他的父親帶著三個兒子駕車外出，閔子騫在寒風中凍得瑟瑟發抖，失手把韁繩掉在了地上。

他父親看到後，勃然大怒，恨鐵不成鋼地說：「你這個沒出息的東西，你穿得這麼厚還打哆嗦，你兩個弟弟衣服穿得那麼薄，也沒像你這樣！」

看到閔子騫被凍的窩囊模樣，他父親火一下就起來了，奪過馬鞭就朝閔子騫身上狠狠抽了過去。

這一鞭子下去，直接把閔子騫的棉襖給抽破了，蘆葦花直接飄了出來，他父親感覺不對勁，又摸了摸兩個小兒子的衣服，這才知道自己冤枉了閔子騫。

父親回去後，就嚷嚷著要把繼母給休了。

這時候閔子騫過來勸說：「如果母親在，只有我一個人受冷，如果母親走了，那我們三個都要受寒了。」

父親聽閔子騫這麼說，唉聲嘆氣，打消了休妻的想法。

繼母也感到又羞又愧，從此對待閔子騫也像親子一般了。

後來，孔子聽說了閔子騫的過往，也感嘆：「孝哉閔子騫！」

於是，他收這個孩子成為自己的學生。

閔子騫入學後，為人也依舊很低調。

在孔子講學的時候，子路坐都坐不住，再有和子貢插科打諢、談笑風生，只有閔子騫一言不發，恭恭敬敬地侍立在孔子身側，含笑看著同學們。

閔子騫出身底層，十分體諒普通百姓。

魯國要改建一個建築的時候，閔子騫就說：「既然還能用就先用吧，何必折騰老百姓呢。」

孔子聽說了以後，說了一句千古名言：「夫人不言，言必有中。」

閔子騫這孩子平時不怎麼說話，可一張口，就是神回覆！

閔子騫的聲望也日漸高漲，季孫家便想邀請閔子騫擔任費邑的長官，但閔子騫對季孫家很感冒。

這倒不是因為孔子的關係，而是因為他對季孫家剝削百姓的行為感到反感。

所以後來，季孫家三番五次來邀請，閔子騫無奈地說：「你們要是再來煩我，那我就要離開魯國了！」

閔子騫後來也確實沒有做官，選擇在孔子學校繼續教書，《論語》中甚至將他稱之為「閔子」，可見在孔子死後，閔子騫作為老一輩的學生，地位還是很超然的。

（五）

孔子有一個學生，叫宓不齊。

他有個很神奇的字——子賤。

宓子賤是一個很有本事的人，他是政事系的學生，在魯國擔任過單父宰。

在治理單父的過程中，宓子賤每天彈琴繪畫、喝酒撩妹，可是卻把單父治理得非常好。

而孔子的另一個學生巫馬期也擔任過單父宰，每天勤勞工作，起得比雞早，睡得比狗晚，事必躬親，雖然政績也不錯，卻把自己累得半死。

巫馬期想不通，就問宓子賤，你是怎麼辦到的？

宓子賤聽了以後哈哈大笑，說：「我雖然萬事不理，但是我懂得放權給下面的人。所以說，我治理單父用的是大家的力量，所以當然輕鬆，而你用的是你一個人的力量，不累才怪！」

……

宓子賤除了做官很有能力外，EQ 也非常高。

當時，孔子有一個侄子叫孔蔑，也在做官，有一次，孔子去看望孔蔑，問：「自從做官以來，有什麼得失啊？」

孔蔑一聽這話，大倒苦水：「自從我做官以來，得到什麼不知道，失去的起碼有三樣。第一，公務繁忙，沒時間學習；第二，薪水太少了，根本養活不了自己；第三，也是公務繁忙，沒時間和朋友們聚餐，朋友都疏遠我了。」

孔子一聽，翻了個白眼，讓你做官還委屈你了？

孔子氣呼呼地離開了，來到了單父，他又詢問了宓子賤同樣

的問題。

宓子賤是怎麼回答的呢？

他說：「失去的嗎？好像沒有，不過至少得到了三樣東西，第一，當初我學習的東西，可以付諸實踐了；第二，我的薪水雖然少，但至少有收入了；第三，我公務繁忙，每次抽出時間去和朋友聚餐，朋友們都會很感動，我們的關係反而更加親近了。」

同樣的三件事，宓子賤與孔蔑的回答卻截然不同。

換做是你，這兩個人，你會喜歡誰？

（六）

子貢：「怎麼才能叫士啊？」

孔子：「你這種的。」

子貢（暗爽）：「次一等的呢？」

孔子：「孝順父母、尊敬兄長的。」

子貢：「再次一等的呢？」

孔子：「不論什麼事都說到做到，不問是非固執己見，這種人勉強也算。」

子貢：「那現在各個諸侯國的執政者呢？」

孔子：「一群傻X！」

（七）

某天，有一個叫孺悲的人想見孔子。

孔子不想見，告訴看門的，這小子來見我，你就說我病了，懂嗎？

看門人表示 OK，以生病為由，拒絕了孺悲。

然而，孺悲剛準備走，孔子立刻取來瑟邊彈邊唱，故意讓孺悲聽到。

意思很明確。

我沒病，就是不想見你，怎樣，咬我呀！？

（八）

孔子的學校，有一個有名的愛哭鬼。

他叫高柴，字子羔，個子小小的，很瘦弱，長得也不好看，還膽小怯懦，十分愛哭，所以總是被其他同學欺負，大家都笑他愛哭鬼、鼻涕蟲。

他軟弱，不敢反抗，一個人偷偷地哭泣，其他同學看到這一幕，更變本加厲欺負他，而老師孔子也嫌他呆頭呆腦，動不動就責罵他。

終於，有一次他被同學們組團霸凌的時候，一個身影擋在了他的面前，將那些欺負他的同學們揍得屁滾尿流。

那個人是子路學長，一向俠肝義膽。

子路低下頭，罵他：「哭什麼哭？你還是不是男子漢大丈夫！？」

那個人嘴上說得蠻橫，之後卻屢次保護他，有了子路大哥在身邊，再也沒有同學敢來欺負他。

子路大哥當了季孫家的家宰，第一件事就是給他謀來一個費邑宰的官職。

但是老師孔子反對：「這簡直就是害了子羔。」

在老師的竭力反對下，他沒有出仕。不過，子路大哥總是說，你其實是很有才能的一個人，就是喜歡哭，這個毛病可得改改了。

從那天起，他變得非常堅強，就算遇到再大的艱難險阻，也沒有掉過半滴眼淚。

之後，子路大哥在衛國當了官，在子路的推薦下，他也在衛國當了法官，他恪守老師慎行的理念，受到了人民的愛戴，他終於不再是被人欺負的愛哭鬼，而是老百姓心目中的青天高柴。

那年，衛國大亂。

他匆匆忙忙想逃出城，但城門已經緊閉，他望著高高的城牆無可奈何，而亂兵就在身後。

這時，一個沒有腿的守門人帶他躲藏在自己家中，才讓他躲過了一劫。

他問：「您為何要救我？」

守門人撫摸著斷腿：「我的這條腿，就是被你下令砍斷的。」

他驚詫，更是不解：「那您還救我？」

守門人笑了：「我被砍斷腿，那是因為我確實觸犯了法律，當時受審的時候，我看到您不停地翻閱卷宗，一邊翻一邊嘆氣，我知道，您是在找寬恕我的理由啊……可是我確實是罪有應得，所以您才下令砍掉了我的腿。您是一位好法官，我不忍心看見

您死在這亂兵之中……」

就這樣，他逃過了一劫，在守門人的指點下，他出了城。

他剛出城，就看見子路大哥駕著車迎面駛來。

子路要入城，救自己的主君！

他連忙勸：「裡面都亂了，救人已經來不及了，我們快點跑吧。」

子路對他豪邁一笑，那笑容俠肝義膽，就如同當年第一次救他的時候：「食君之祿，為君分憂，你快點走吧，我要去救人。」語氣中，是無法動搖的堅定。

說完，子路大哥向混亂的城內駛去。

他看向子路的背影，一如當年那般雄偉，他的視線漸漸地變模糊，淚珠不停地往下掉，那個身影越來越小，最後消失在視線的盡頭。

這是他最後一次見到子路，因為子路這一去，被人砍成了肉醬，連個全屍都沒留下。

那應該是他最後一次嚎啕大哭了，為了他的子路大哥。

可是卻再也沒有人斥責他說：

「哭什麼哭？你還是不是男子漢大丈夫！？」

（九）

孔子當年在宋國，險些被宋國的司馬桓魋所殺。

這個桓魋後來占據曹邑叛亂，結果被宋國軍隊平定，於是桓魋逃到了齊國，投靠了田常。

桓魋有一個弟弟，叫司馬牛，是個很老實的人，在哥哥被打敗後，他就很自覺地交出了封地，跑到了齊國，後來哥哥也逃到了齊國，他認為哥哥是叛黨，與哥哥在一起是對自己國家的背叛，所以他放棄了田常給他的土地與官職，選擇繼續他的流亡生涯。

我們經常說，環境影響性格，然而在同樣生活環境下的兩個人，一個很奸邪，另一個卻是那麼善良。

司馬牛離開齊國後，幾經輾轉，逃到了魯國，機緣巧合下，他成為了孔子的學生。

不得不說，當年司馬牛的哥哥差點殺了孔子，孔子還能收逃亡的他當學生，這胸襟絕對是沒話說。

入了學以後的司馬牛總是很鬱悶，他不明白，自己家族本來也是十分顯赫，怎麼忽然就變成亂臣賊子，要流亡天涯呢？這讓他感到無法接受。

可是，這樣沮喪也不是辦法啊，於是他決定找心理醫生——老師孔子。

司馬牛問老師，君子是怎樣的？

孔子說：「作為君子不憂愁，不恐懼。」

司馬牛說：「不憂愁，不恐懼，這就能叫君子了嗎？」

孔子說：「那當然，只要你自己問心無愧，那還有什麼憂愁和恐懼呢？」

是啊，雖然你哥哥是亂臣賊子，但你不是啊，你為什麼要憂慮？為什麼要恐懼？

可是憂鬱症怎麼可能這麼容易治好？

又有一次，司馬牛很憂鬱地說：「別人都有兄弟，就我沒

有。」

實際上，司馬牛是有兄弟的，可不是生離，就是死別，況且那種兄弟，有還不如沒有，所以司馬牛才會抱怨自己「沒兄弟」。

對此，同學子夏開導他：「我以前聽說過一句話，叫『死生有命，富貴在天。』君子只要做事情問心無愧，那麼四海之內皆兄弟，怎麼還會怕沒兄弟呢？」

儘管孔子悉心開導，子夏積極鼓勵，司馬牛依舊沒能走出自己內心的陰影。

不久，司馬牛自殺。

（十）

有一天，學生樊遲問孔子怎麼種莊稼。

孔子說：「這個我不如農民伯伯。」

樊遲又問怎麼種菜。

孔子說：「這個我不如菜農伯伯。」

樊遲沒問到答案，走了。

孔子立刻變臉：「樊遲真是個小人。君子學的應該是仁義禮智信，學什麼種田！？」

孔子這一句話，捅了婁子。

有人指責他：「孔老二歧視農民，鄙視勞苦大眾。」

……

說這句話的人，請你一邊掌嘴一邊回憶，你小時候不好好讀書，你爸你媽你老師說的是什麼？

他們說：「你再不好好念書，就回家種田去！」

請問，他們是否也歧視農民伯伯？

（十一）

孔子有一個從小一起長大的玩伴，叫原壤。

原壤的媽死了，孔子去他家探望。

孔子驚訝地發現，原壤家裡一團糟，而且還翹著個二郎腿在吃零食。

孔子問：「棺槨呢？」

原壤指了指旁邊，一個髒兮兮的棺槨。

孔子嘆了口氣，為他清洗了棺槨。

原壤忽然不知道哪根筋不對，站起身來，說：「我突然想唱歌！」

說完，就扯開嗓子唱了起來：

「狸貓的頭上有花斑，我牽著你的手到永遠。」

孔子目瞪口呆……

他終於忍不下去了，大罵：「你看看你，小時候吊兒郎當，長大了又沒出息，老了還不去死，真是個賊！」

說完，孔子把手裡的拐杖當金箍棒來用，朝著原壤小腿重重一擊。

……

孔子師徒離開的時候，一個學生說：「老師，我們能跟那傢

伙絕交嗎？」

孔子想了想，嘆了口氣：「算了吧，好歹是小時候的玩伴，我……認了。」

附錄

主要參考文獻

一，古代史籍

《論語》. 孔子弟子及再傳弟子. 中華書局出版社 .2016.1.1

《孔子家語》. 王國軒 / 王秀梅（譯注）. 中華書局出版社 .2016.1.1

《說苑》. 劉向. 國家圖書館出版社 .2017.10.1

《論衡》. 王充. 嶽麓書社 .2015.2.1

《禮記》. 戴聖. 北京聯合出版社 .2016.4.1

《孝經》. 曾子. 上海古籍出版社 .2014.12.1

《屍子》. 屍佼. 上海古籍出版社 .2006.11.1

《史記》. 司馬遷. 中華書局出版社 .2016.1.1

《左傳》. 左丘明. 中華書局出版社 .2016.3.1

二，今人著作

《孔子傳》. 錢穆. 三聯書店 .2012.10.1

《孔子傳》. 鮑鵬山. 中國青年出版社 .2013.1.1

《孔子傳》. 張秉楠. 吉林文史出版社 .2008.12.1

《論語新解》. 錢穆 . 三聯書店 .2012.9.1

《論語今讀》. 李澤厚 . 中華書局出版社 .2015.3.1

《論語譯注》. 楊伯峻 . 中華書局出版社 .2012.5.1

《論語集釋》. 程樹德 . 中華書局出版社 .2013.3.1

《孔子的智慧》. 林語堂 . 江蘇人民出版社 .2014.11.1

《孔子：即凡而聖》.[美] 赫伯特·芬格萊特 . 江蘇人民出版社 .2016.11.1

《辜鴻銘講論語》. 辜鴻銘 . 陝西科學技術出版社 .2017.9.1

《喪家狗：我讀論語》. 李零 . 山西人民出版社 .2017.11.1

《去聖乃得真孔子：論語縱橫讀》. 李零 . 三聯書店 .2008.3.1

《賈志剛說論語》. 賈志剛 . 中國華僑出版社 .2012.4.1

《說春秋·孔子世家》. 賈志剛 . 廣西師範大學出版社 .2011.5.1

《向孔子弟子借智慧》. 傅佩榮 . 中華書局出版社 .2011.6.1

《中國儒學史》. 工博 . 北京大學出版社 .2011.6.1

《先秦儒學廣論》. 董平 . 浙江大學出版社 .2015.6.1

《孔門弟子研究》. 李啟謙 . 齊魯書社 .1987

《孔子與孔門弟子研究》楊朝明，修建軍 . 齊魯書社 .2004

《儒商鼻祖：子貢》. 姜正成 . 中國財富出版社 .2015.2.1

《向子貢學說服》. 陳禹安 . 東方出版社 .2012.1.1

三，學術論文

《孔子思想及其現代意義》.遊喚民.《湖南師範大學社會科學學報》.1993

《孔子仁愛思想內涵及現實意義》.劉夏.《傳承》.2008

《孔子「禮」的思想內涵及其當代價值》.王濤.《理論導刊》.2007

《再尋「孔顏樂處」——以《論語》中有關顏回的資料為背景》.餘樹蘋.《浙江學刊》.2003

《關於顏回研究的幾個問題》.董韶華，韶軍.《山東師範大學學報：人文社會科學版》.1997

《《論語》中的顏回形象》.劉佳.《安徽文學月刊》.2009

《顏回形象比較研究——以《論語》、《莊子》為中心》.薑波.《學習與實踐》.2009

《異化與回歸——對傳統顏回形象的重新審視》郝潤華，吳娛.《長沙理工大學學報(社會科學版)》.2003

《試論顏回理想人格的學術價值》.衛東海.蘭州學刊.2007

《顏回：和孔子相知最深的弟子——「教育家孔子和他的弟子們」之一》.李如密.《江蘇教育》.2015

《淺析孔子心目中的好學生形象——以顏回為例》.宋玫.《山西師大學報(社會科學版)》.2012

《《論語》中的「勇」與子路「好勇」》.李振綱，陳鵬.《河北學刊》.2012

《子路(仲由)研究》.李啟謙.《齊魯學刊》.1985

《孔門弟子仲由、端木賜探論》.楊淑明.《理論導刊》.1997

《子路之勇，冉求之智——談孔子的左膀右臂》.周當當.《大眾文藝》.2009

《夫子眼中的冉求》.易淑華.《湖南工業職業技術學院學報》.2009

《子夏及其學派研究》.步如飛.《山東大學》.2007

《淺論"宰我精神"》.王銘.《陝西師範大學繼續教育學報》.2003

《論語中的宰我》.李晨陽.《經貿實踐》.2015

《宰我形象再論 -- 以《論語》為中心的探討》.羅晨曦.《廣州廣播電視大學學報》.2015

《宰我：革新舊禮制的實踐者》.馮能鋒.《湖南大眾傳媒職業技術學院學報》.2016

《略論「子游氏之儒」》.金其楨.《江南大學學報(人文社會科學版)》.2009

《曾參「孝」論》.任重.《煙臺大學學報：哲學社會科學版》.1996

《曾參對孔子教育思想的傳承及其歷史地位》.楊柱.《貴州文史叢刊》.2006

《《孔子家語》與孔子弟子研究》.劉萍.《曲阜師範大學》.2006

台灣廣廈 國際出版集團
Taiwan Mansion International Group

國家圖書館出版品預行編目（CIP）資料

聰明做自己：由憤青、國際說客到至聖先師。
孔仲尼的逆風人生旅程。
/陳舞雩著
-- 初版. -- 新北市：財經傳訊, 2022.2
面；　公分. --
ISBN 978-626-956-014-1(平裝)
1.CST：人生哲學　2.CST：通俗作品

191.9　　　　　　　　　　　　　　　　111000714

財經傳訊
TIME & MONEY

聰明做自己：由憤青、國際說客到至聖先師。
孔仲尼的逆風人生旅程。

作　　　者／陳舞雩　　　　編輯中心／第五編輯室
編 輯 長／方宗廉
封面設計／張天薪・內頁排版／林雅慧
製版・印刷・裝訂／東豪・弼聖・紘億・秉成

行企研發中心總監／陳冠蒨　　　線上學習中心總監／陳冠蒨
媒體公關組／陳柔彣　　　　　　產品企製組／黃雅鈴
綜合業務組／何欣穎

發 行 人／江媛珍
法律顧問／第一國際法律事務所 余淑杏律師・北辰著作權事務所 蕭雄淋律師
出　　　版／財經傳訊
發　　　行／台灣廣廈
地址：新北市235中和區中山路二段359巷7號2樓
電話：（886）2-2225-5777・傳真：（886）2-2225-8052

全球總經銷／知遠文化事業有限公司
地址：新北市222深坑區北深路三段155巷25號5樓
電話：（886）2-2664-8800・傳真：（886）2-2664-8801
郵政劃撥／劃撥帳號：18836722
劃撥戶名：知遠文化事業有限公司（※單次購書金額未達1000元，請另付70元郵資。）

■出版日期：2022年3月
ISBN：978-626-956-014-1

本書 臺灣繁體版由四川一覽文化傳播廣告有限公司代理，經天津掌閱文化傳播有限公司 授權出版